Oxford excellence for the Caribbean

¿Qué Hay?

Libro 3

del
Alumno

Christine Haylett
Jeffrey Britton
Margaret Leacock
Fiola Pasos
Georgia Pinnock
Angie Ramnarine
Asbia Tesorero

OXFORD

Contenido

Key to symbols

Reading activity   Writing activity   New material

Listening activity   Speaking activity

All audio can be found at **www.oxfordsecondary.com/que-hay-audio**

Guía de pronunciación

a	as in cat	casa
e	as in egg	elefante
i	like ee in seed	chica
o	as in pot	ropa
u	like oo in pool	pupitre
b	as in big	bota
c	before a, o, u as in cat	canguro
c	before e, i in Spain like th in thin, in Latin America like s in set	cinco
ch	like ch in cheese	chico
d	at start of word and after n or l *similar* to d in den but moving the tip of your tongue behind your upper teeth	día, cuando, toldo
d	between vowels and elsewhere like th as in this	adiós
	at end of word like th in thin	Madrid
f	as in few	falda
g	before a, o, u as in get	gato
g	before -e, -i as in h in heel	gigante
gu	before e, i like g in get	guitarra
h	always silent	hola
j	as in h in hook	jugo
k	as in kick	kilo
l	as in long	Lola
ll	in Spain as lli in billion; in Latin America, Canaries and southern Spain like j in judge or g in gym	llama, llama, llave

m	as in monkey	mano
n	as in never	nada
ñ	like ny in canyon	mañana
p	as in pencil	pizarra
qu	like k in kitten	que
r	between vowels or at end of word as in ring	para hablar
	at beginning of word, rolled	rubio
rr	rolled as in curry	perro
s	as in since	casa
t	as in tan	tarta
v	like b in bay	vivo
w	(w is not a true phoneme of the Spanish language. All words with w are foreign in origin and are pronounced the same as English.)	
x	at beginning of word like s	Xochimilco
	before a consonant like s	extra
	between vowels like ks	taxi
	in some words like ch in loch	mexicano
y	like j in judge or g in gym	yo
y	like ee in seed when y means *and,* or at the end of a word	¿y tú? Uruguay
z	in Spain like th in thin; in Latin America, Canaries and southern Spain like s in set	zanahoria

El alfabeto español

a	like [a] in apple	e	[ay]	m	[emay]	t	[tay]
b	a cross between [b] and [v] [bvay]	f	[effay]	n	[enay]	u	[oo]
		g	[hay]	ñ	[enyay]	v	[oobvay]
c	[say]	h	[achay]	o	like [o] in hot	w	[doblay bvay]
ch	[tchay]	i	[ee]	p	[pay]	x	[ekees]
d	a cross between [d] and [th] [dthay]	j	[hota]	q	[koo]	y	[eegreeyayga]
		k	[ka]	r	[eray]	z	[seta]
		l	[elay]	rr	[erray]		
		ll	[elyay]	s	[essay]		

Note

ch, ll and rr are no longer part of the Spanish alphabet but they are included here for pronunciation purposes.

Common classroom instructions

The following are commonly used classroom commands.
Two forms are given, singular (familiar) and plural.

Levántate/Levántense

Stand up

*Escucha/escuchen
(el diálogo)*

Listen to (the dialogue)

Siéntate/siéntense

Sit down

*Escribe/escriban
(el ejercicio)*

Write (the exercise)

Abre/Abran (el libro)

Open (the book)

*Habla/hablen (con tu/su
compañero de clase)*

Speak with your
classmate

Cierra/cierren (la ventana)

Close (the window)

Mira/miren (la pizarra)

Look at (the board)

Lee/lean (el texto)

Read (the text)

Toma/tomen (el cuaderno)

Take (the exercise book)

EXPRESIONES ÚTILES

No entiendo.
No sé.
Gracias / De nada.
¿Tienes un sacapuntas?
¿Puedo ir al baño?
¿Puedo ir a tomar agua?

¿Puede/s repetir?
¿Cómo se dice?
(Habla/e) más despacio, por favor.
(Habla/e) más alto, por favor.
Préstame un lápiz.
Présteme un bolígrafo, profe.

Fenómenos del mundo hispano

Machu Picchu

En Perú encontramos una de las siete maravillas del mundo: la ciudad de Machu Picchu. Es uno de los destinos turísticos más visitados del planeta. Data de 1450, pero el explorador Hiram Bingham no la descubre hasta 1911. Es testimonio de las habilidades técnicas de la civilización Inca.

Las lagunas hermanas

En Chile hay tres lagunas extraordinarias, una de color rojo, otra de color verde y la tercera de color amarillo. Se encuentran en el norte del país, a unos 150 kilómetros de la ciudad de Iquique. Las aguas de la laguna roja tienen una temperatura de unos 40°–50°C. La razón de estos colores es por las algas que habitan en el agua, o quizás por las rocas que tiñen el agua en estos tonos. Se dice que las aguas de la laguna roja empiezan a burbujear si viene a visitarla una persona desagradable. ¡Qué interesante!

¡Qué bonito!

Nota Cultural

The ten top tourist destinations in the Spanish-speaking world are as follows...

Machu Picchu, Peru
Las Ramblas, Barcelona, Spain
The Alhambra, Granada, Spain
Tikal ruins, Guatemala
Panama Canal, Panama

Angel Falls, Venezuela
Patagonia, Argentina
Aqueduct of Segovia, Spain
Galapagos Islands, Ecuador
Lake Titicaca, Peru

Lionel Messi

Lionel Messi es uno de los máximos goleadores de todos los tiempos. Es jugador del famoso equipo de Barcelona y también del equipo nacional argentino. Además ha sido jugador del año por cinco veces, mejor jugador de la Liga española en seis ocasiones y bate muchos otros récords en el mundo del fútbol que solo otro Messi puede superarlos. Todo este éxito hace de Messi una celebridad en el fútbol mundial.

¡Qué rico!

La introducción al mundo del chocolate, el chile y el maíz se debe a México. Todos gozamos de comer estos productos, pero ¿a que no sabes lo que es el huitlacoche, ni por qué los mexicanos hacen bien en comerlo? Es maíz, solo que está podrido. Sin embargo, es delicioso y muy rico nutricionalmente. En México cuesta un 50% más que el maíz sano. ¿Qué te parece?

De vacaciones

In this unit you will:

- talk about your holidays in the present tense, where you go, how you go and with whom
- talk about the things you and your family do
- discuss sporting activities

Track 4

¿A dónde vas de vacaciones normalmente?

Felipe: Normalmente voy a Trinidad a visitar a la familia. Mis abuelos viven allí, en el campo. Mis padres y yo siempre vamos en avión porque es más rápido. Me gusta viajar en avión porque es muy *cómodo* y bastante *emocionante*.

Ana: No voy de vacaciones a ningún sitio; me quedo en casa, pero lo paso muy bien. Voy a muchas fiestas y bailes en el parque. Es muy *divertido*.

Gloria: A veces yo voy en un viaje escolar. Este año vamos al extranjero, a Canadá, a visitar las ciudades de Toronto y Montreal. Vamos en avión. Es la primera vez que voy en avión. Voy con un grupo de 20 alumnos con tres profesores. Lo pasamos muy bien.

Miguel: Yo asisto a clases de verano en el mes de julio. Por la mañana hay clases y por la tarde hay actividades como baile, arte, cocina, artes marciales y muchos otros deportes. Me encantan las clases de verano. Son muy *divertidas*.

Track 4

Escucha y lee las conversaciones en la página 7. Luego contesta las preguntas.

1 Where does Felipe go on holiday?

2 Why does he go there?

3 Who does he go with?

4 How does he travel?

5 Why does he like this form of transport?

6 What does Ana do in the holidays?

7 What are her feelings about this?

8 What does she do?

9 What sort of trips does Gloria make?

10 Where is she going this year?

11 What is special about the journey she will make this year?

12 How many people are in the group?

13 How will Miguel spend his holidays?

14 How is the day divided?

15 What does he think about this sort of holiday?

¿A dónde vas tú de vacaciones?
¿Cómo vas? ¿Y con quién?

Trabaja con tu pareja. Toma turnos. Inventa un diálogo en que uno habla de sus vacaciones.

Nota Cultural

Spanish-speaking countries are famous for their holidays and fiestas, which commemorate saints' days, independence and other important moments in their history, religious festivals, and the like. In Spain, each municipality is allowed a maximum of 13 days holiday a year, nine of which are set nationally. If a holiday in Spain falls on a Tuesday or Thursday, an unofficial holiday is often taken on the previous Monday, or following Friday, to make a four day weekend. This is called *hacer puente*, which literally means 'to make a bridge'. You may hear people wishing each other ¡Feliz día de tu santo!, ¡Feliz día de independencia!, ¡Feliz Semana Santa!, or ¡Felices Pascuas! on the different occasions.

VOCABULARIO

el campo	countryside
cómodo/a	comfortable
emocionante	exciting
quedarse	to stay
el viaje escolar	school trip
al extranjero	abroad
la vez	time, occasion
pasarlo bien	to have a good time
las clases de verano	summer school
las artes marciales	martial arts

Vas a salir con los amigos. Deja una nota para tu mamá. Explica dónde vas, con quién, y cómo vas a ir.

Las clases de verano

Track 5

¡Qué bien! ¡Las clases de verano! ¡Cuánto me gustan!
Me levanto a las siete.
Después del desayuno suelo salir para el colegio a las ocho menos cuarto.
Pero no es como el colegio de todos los días. Es mucho mejor.
Voy a las clases de verano.
Por la mañana hay clases, son muy divertidas ... más divertidas que las clases normales.
Por ejemplo, no llevamos uniforme, los profesores son más simpáticos, y es mucho más relajado.
Después, por la tarde hay actividades.
Puedes escoger entre muchos deportes, arte, baile, cocina, natación, fisicoculturismo.
Hay de todo.
Me gusta porque puedes probar algo nuevo, algo interesante. Nos divertimos mucho.
Luego, vamos a casa a las cinco. ¡Y no dan deberes! ¡Qué chévere!

VOCABULARIO

después	after, afterwards
soler (o→ue)	to be accustomed to
mejor	better
escoger	to choose
el fisicoculturismo	bodybuilding
probar (o→ue)	to try something for the first time
los deberes	homework

Track 6

¿Qué suelen hacer estas personas durante las vacaciones? Escucha las respuestas y escoge el dibujo correcto.

a

b

c

d

e

f

g

h

Actividad 5

Trabaja con tu pareja. Prepara una lista de lo que haces durante las vacaciones. Cuenta a tu pareja cinco actividades.

Gramática

Can you remember how to express what **you** do in Spanish? What ending do you usually see on the verb? Most verbs in the first person of the present tense end in -*o*. For example: *escucho, hablo, leo*.

There are, however, some irregular verbs which are different, for example, *voy de compras, me pongo ropa cómoda*.

Other endings vary according to which group the verbs belong. See the Grammar section at the back of the book for more details.

Entre los miembros de mi familia hacemos muchas cosas

Mi mamá asiste a clases de baile de salsa el miércoles, y mi papá cocina. Él prepara cosas muy raras con mucha sal. Mi tío trabaja en el jardín, cultiva legumbres que mi papá cocina. Comemos muy bien. Yo ayudo a mi abuela que escribe correos electrónicos a sus amigos. ¡Necesita mucha ayuda!

¿Qué hacen los miembros de tu familia en su tiempo libre?
Trabaja con tu pareja. Pregunta y contesta.

¿Qué haces tú		
¿Qué hace tu...	papá	
	mamá	
	hermano/a	en el tiempo libre?
	tío/a	
	primo/a	
	abuelo/a	

Aquí hay otras actividades para ayudar con la Actividad 6.

caminar en el campo

escuchar música

sacar fotos

navegar por la red

aprender un idioma

leer una novela

comer con los amigos

practicar deportes

tocar la guitarra/ el tambor

ir al cine

ir a la playa

salir con los amigos

Escucha la conversación. Luego contesta las preguntas. Lee las preguntas antes de escuchar.

1 Why does Claudia have some free time this weekend?

2 Name two things that Claudia does in her free time.

3 What special thing is she doing this weekend?

4 What does Teresa do in her free time?

5 Who plays the drums?

6 Do they like it?

7 What musical thing would Teresa like to do?

8 When does Claudia's father play an instrument?

9 What does he do during the day?

10 Where does Claudia's mother go?

Lee la carta que Alfonso escribe en la página de problemas de la revista *Jóvenes Hoy*. Luego contesta las preguntas.

Querida Tía Rita:

Me llamo Alfonso. Tengo catorce años, y tengo un problema. Lo que pasa es que no tengo tiempo libre y mis amigos, sí. Ellos se divierten mucho. Juegan al fútbol, salen con las chicas del barrio, van al cine o a la discoteca, mientras que yo tengo mucho trabajo que hacer en casa.

Mi mamá es soltera y ella trabaja horas muy largas. Yo hago las tareas domésticas. Lavo la ropa, plancho, friego los platos, preparo la comida, hago las camas, limpio la casa. Como consecuencia estoy agotado. Empiezo a hartarme de todo esto. Me despierto temprano, me acuesto tarde, trabajo mucho y nunca salgo.
¿Qué puedo hacer?
Contéstame pronto.

Alfonso

1 ¿Cuál es el problema de Alfonso?
 a No tiene amigos.
 b No tiene madre.
 c No tiene tiempo libre.

2 ¿Qué hacen los amigos?
 a Lo pasan muy bien.
 b Lo pasan muy mal.
 c Barren el suelo.

3 ¿Por qué trabaja Alfonso en casa?
 a Porque su madre friega los platos.
 b Porque su madre trabaja mucho.
 c Porque su madre va al cine.

4 ¿Por qué empieza a hartarse Alfonso?
 a Porque nunca sale.
 b Porque nunca se acuesta.
 c Porque nunca se despierta.

VOCABULARIO

lo que pasa	*what happens*
divertirse (e→ie)	*to enjoy oneself*
el barrio	*neighbourhood*
soltero/a	*single*
largo/a	*long*
las tareas	*chores, jobs around*
domésticas	*the house*
planchar	*to iron*
fregar (e→ie) los platos	*to do the washing up*
limpiar	*to clean*
como consecuencia	*as a result*
agotado/a	*exhausted*
hartarse	*to become fed up*
despertarse (e→ie)	*to wake up*
acostarse (o→ue)	*to go to bed*
nunca	*never*

Gramática

You may have noticed something different about some of the verbs in Activity 8, for example: *friega, se acuesta, se despierta*. Look at the infinitives:

acostarse (to go to bed)   *me acuesto (o→ue)*
despertarse (to wake up)   *me despierto (e→ie)*
divertirse (to enjoy oneself)   *se divierten (e→ie)*
empezar (to begin)   *empiezo (e→ie)*
fregar (to do the washing up)   *friego los platos (e→ie)*
jugar (to play)   *juegan al fútbol (u→ue)*
poder (to be able)   *¿Qué puedo hacer? (o→ue)*

These are called stem-changing, or radical-changing verbs. If you compare them with the verbs in Alfonso's letter, what differences do you see?

In some parts of the verb, there is a change in the stem vowel of the infinitive: in the first (*yo*), second (*tú*), and third (*él/ella/usted*) person singular, and in the third person plural (*ellos/ellas/ustedes*); o→ue, e→ie, u→ue.

Here are examples of three verbs with these changes.

o→ue **poder** (to be able)	*e→ie* **empezar** (to begin)	*u→ue* **jugar** (to play)
puedo	*empiezo*	*juego*
puedes	*empiezas*	*juegas*
puede	*empieza*	*juega*
podemos	*empezamos*	*jugamos*
pueden	*empiezan*	*juegan*

Tía Rita responde a la carta de Alfonso. Lee su respuesta. Luego imagina que eres Alfonso y contesta la carta de Tía Rita. Empieza las frases con algunas de las sugerencias. Usa algunos de los verbos anteriores en la carta.

Querido Alfonso,
Tienes que organizar tu vida. Puedes ayudar a tu mamá, por ejemplo, el lunes cocinas, el martes lavas la ropa, el miércoles planchas, el jueves limpias la casa.
Es aburrido pero necesario. Pero el viernes, el sábado y el domingo necesitas salir con los amigos. Es muy importante tener tiempo libre. Así puedes hacer algo para tu mamá, algo para ti y divertirte. Escríbeme y cuéntame tu nueva rutina.

Tía Rita

Querida Tía Rita,
Gracias por los consejos. Mi nueva vida es estupenda.

El lunes, ...   El martes, ...
A menudo ... (*often*) A veces ... (*sometimes*)   Cada día ... (*every day*) Frecuentemente ... (*frequently*)
Algunas veces ... (*sometimes*)

Mi mamá está contenta y yo estoy muy contento. Muchísimas gracias

Alfonso

Track 8

Los deportes preferidos

Es enero. Los alumnos conversan sobre las actividades deportivas que van a hacer en el colegio.

Miguel: Hola Javier. Hola Maite. ¿Qué tal? ¿Qué van a hacer este trimestre como deporte?

Javier: Bueno, voy a jugar al criquet. No me gusta tanto como el fútbol, pero tengo que entrenarme para el equipo del barrio.

Maite: Yo practico el atletismo este trimestre. Me encanta, me gusta más que el nétbol.

Miguel: Yo también prefiero el fútbol. No me gusta nada el criquet porque es muy aburrido. Me gusta correr para estar en forma.

Maite: En el verano voy a clases de natación. No me gusta mucho pero es importante saber nadar.

VOCABULARIO

el trimestre	*term*
tanto como	*as much as*
entrenarse	*to train*
el equipo	*team*
correr	*to run*
estar en forma	*to be fit*
la natación	*swimming*
saber	*to know (how to)*
nadar	*to swim*

Estos son los deportes que más se practican.

el alpinismo	*mountain climbing*
el atletismo	*athletics*
el baloncesto	*basketball*
el béisbol	*baseball*
el buceo	*scuba diving*
el ciclismo	*cycling*
el criquet/el cricket	*cricket*
la equitación	*horseriding*
el esquí	*skiing*
el esquí acuático	*water skiing*
el fisicoculturismo	*bodybuilding*
el fútbol	*football*
el hockey	*hockey*
el judo	*judo*
el kárate	*karate*
la natación	*swimming*
el nétbol	*netball*
el piragüismo	*canoeing*
el remo	*rowing*
el rugby	*rugby*
el squash	*squash*
el tenis	*tennis*
el tenis de mesa	*table tennis*
la vela	*sailing*
el voleibol	*volleyball*

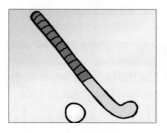

Nota Cultural

Hispanic stars who shone in the Rio de Janeiro Olympics in 2016 are: Mónica Puig from Puerto Rico, gold medal in tennis; Paula Perego from Argentina, gold medal in judo; Caterine Ibargüen from Colombia, gold medal in triple jump; and Yulimar Rodríguez from Venezuela, silver medal in triple jump. Their positions were reversed in the 2017 World Championships in London.

Pregunta a tu pareja. ¿Qué deportes te gustan? ¿Cuál prefieres? ¿Por qué?

1 ¿Qué haces durante las vacaciones escolares?
2 ¿A dónde vas normalmente de vacaciones? ¿Con quién? ¿Cómo?
3 Generalmente, ¿qué haces por la tarde, después de las clases?
4 ¿Qué deportes te gustan? ¿Por qué?
5 ¿Quién cocina en casa? ¿Qué haces para ayudar en casa?

Escribe un párrafo en que dices lo que te gusta hacer en tu tiempo libre, y por qué.

Track 9

Escucha la entrevista con el futbolista que habla de su rutina diaria. Luego contesta las preguntas.

1 On which day does he not train?
2 How is his training day organised?
3 What activities make up his training programme?
4 What else is important?
5 Why is he so happy about his choice of profession?

Situaciones

Responde a estas situaciones en español.

1 Your friend wants you to go to the beach on Saturday morning. Tell him or her that you can't, and list two things that you generally do on Saturday mornings.
2 Your mother is deciding whether to sign you up for summer school. You try to persuade her by telling her some of the good things about it.
3 You are complaining to your friend that your family are never around in the evening. You are always at home alone. Explain what the different members of your family do.
4 A friend's mother is always complaining that your friend never helps at home. Explain to her how the different chores are divided in your house.

De viaje

In this unit you will:

- talk about different ways to travel
- give reasons for your preferences
- book a journey
- find out travel details
- talk about dream destinations
- find your way around an airport

¿Qué hacemos?

La familia González conversa sobre un
viaje que van a hacer a México.

Papá: Chicos, este año vamos de vacaciones a México. Miren este anuncio en el
           periódico. México, la tierra de los aztecas.
Rodrigo: ¡Qué emocionante! Papá, eso es fantástico.
Mamá: Vamos a hacer unos planes. Primero, para ir a México ¿qué hacemos?
Gabriel: Tengo ganas de ir en barco.
Rodrigo: Es muy lento. Además me mareo en barco y me asusto.
Gabriel: Sí, pero es relajado y muy barato, y además no me gusta el avión.

Papá:	Chicos, chicos. Viajar en avión es muy fácil, es más práctico y más rápido. Vamos en avión.
Gabriel:	¿Y no podemos ir a Cuba? Yo quiero ir a Cuba.
Rodrigo:	¡Qué pesado eres!
Mamá:	Es muy caro ir a Cuba, y además el boleto cuesta mucho. Pero además hay muchas cosas que ver y que hacer en México. Las ruinas aztecas, los monumentos históricos, los jardines de Xochimilco, los museos...
Gabriel:	Huy. ¡Los museos! ¡Qué aburrido!
Papá:	¡Basta ya! Es todo muy interesante y divertido. Y también vamos a hacer una excursión a Acapulco donde saltan desde las rocas al mar. Y a Baja California donde hay ballenas.
Rodrigo:	Y todo es muy barato en México y los artículos de cuero son de buena calidad.
Mamá:	Tienes razón. Y las joyas de plata son muy bonitas.

VOCABULARIO

conversar sobre	to discuss	costar (o→ue)	to cost
el anuncio	advertisement	¡basta ya!	that's enough!
el periódico	newspaper	saltar	to jump
la tierra	land	la roca	rock
tener ganas de	to want to	la ballena	whale
no seas	don't be	barato/a	cheap
lento/a	slow	de cuero	made of leather
marearse	to be seasick	de buena calidad	good quality
tener miedo (de)	to be afraid (of)	tener razón	to be right
pesado/a	pain in the neck	las joyas	jewellery
el boleto	ticket	de plata	made of silver

Nota Cultural

Transport in the Hispanic world, and as in many other parts of the world, varies from the most modern to the most antiquated. One of the most modern is *El Ave*: a high speed train operating in Spain, on lines between Madrid and other major cities, such as Seville in the south, and Barcelona in the north-east. *Alta Velocidad Española* travels at speeds of up to 310 km per hour (194 mph), and covers the distance between the cities in a very short time: only two and a half hours between Madrid and Seville, and Madrid and Barcelona. This makes it more convenient for many to travel by train, from the centre of these cities, than to go by plane using airports in the outskirts.

Haz una encuesta en la clase. ¿A dónde te gusta ir? ¿Por qué? ¿Cómo prefieres ir? ¿Y por qué?

Es...
...rápido
...barato
...caro
...cómodo
...fácil
...práctico
...lento
...fantástico
...difícil
...relajado
...incómodo
...directo
...aburrido
...interesante
...divertido
...emocionante
...económico

Estudia el anuncio y contesta las preguntas.

1 What is special about the company this year?

2 Name four reasons why you should choose *Aerolíneas Mayas y Aztecas*.

3 Why are these flights convenient to take from the Caribbean?

4 What catering is available on the flight?

5 Give two reasons why you might call 902 100 107.

Agente:	Buenos días. ¿En qué puedo servirles?
Señor González:	Sí, queremos ir a México en julio de este año.
Agente:	Muy bien. Siéntense.
	Primero, ¿a dónde quieren ir?
Señora González:	Bueno, queremos un viaje de ida y vuelta a la Ciudad de México, en avión.
Agente:	Sí, ¿y qué día?
Señor González:	El día 7.
Agente:	¿Y cuántos son?
Señora González:	Dos adultos y dos niños.
Agente:	Miren, hay un vuelo que sale a las diez y media de la mañana y llega a las dos. Hay otro más tarde a las cuatro que llega a las siete y media de la tarde.
Señora González:	Prefiero el primero.
Agente:	Muy bien.

Track 11

Escucha y lee el diálogo en la página 21. Luego, contesta las preguntas.

1 In which month is the family travelling?

2 What sort of ticket do they want for their journey to Mexico?

3 What date do they want to travel?

 4 How many people are in the party?

5 Which flight do they choose?

6 How long is the flight?

La familia González hace los planes para las excursiones que van a hacer en México.

Track 12

> Mientras que estamos ahí queremos hacer unas excursiones.

Señora González:	Quiero ir a Taxco. ¿A qué hora salen los autobuses?
Agente:	Mire, hay tres al día. Uno a las seis de la mañana, otro a las once, y uno a las seis de la tarde.
Señora González:	¿Y cuánto tiempo tarda el viaje?
Agente:	Tarda una hora y media, excepto el de las once, el segundo autobús del día, que tarda dos horas porque no va directo.
Señora González:	Muy bien, pero tengo prisa, entonces un boleto en el autobús de las seis de la mañana.
Agente:	¿Quiere el boleto de ida y vuelta o solo de ida?
Señora González:	Solo de ida, por favor. ¿Cuánto es?
Agente:	Son $20... Gracias.
Señora González:	¿Y de dónde sale?
Agente:	De la estación de autobuses.
Señora González:	Muy bien. Gracias.

VOCABULARIO

la agencia de viajes	travel agency
¿En qué puedo servirles?	How can I help you?
tener prisa	to be in a hurry
de ida y vuelta	return
el vuelo	flight
tardar (+ en, when followed by an infinitive)	to take (a length of time)
solo de ida	one way only
mientras que	while
hacer unas excursiones	to go on excursions

¿A qué hora sale/llega?	At what time does it leave/arrive?
Un boleto de ida y vuelta/ solo de ida, por favor.	A return/single ticket, please.
¿Cuánto es?	How much is it?
¿De dónde sale?	Where does it leave from?
¿Cuánto (tiempo) tarda?	How long does it take?

Gramática

¿Cuánto tiempo tarda? is the phrase used to ask how long something takes. The verb *tardar* could translate literally to mean 'to take (a length of time)', 'to delay'.

Tardamos mucho en llegar	It takes us a long time to get there
El tren tarda media hora	The train takes half an hour

Note also the use of *una demora* (a delay) and *demorar*, which also means 'to delay'.

Track 12

Escucha y lee el diálogo en la página 22. Luego contesta las preguntas.

1 ¿A dónde quiere ir la madre?
a   A Taxco
b   Al sur
c   A la estación de autobuses

2 ¿Cuántos buses hay al día?
a   1
b   3
c   6

3 ¿A qué hora llega el autobús de las seis de la mañana?
a   A las 6 de la tarde
b   A las 11 y media
c   A las 7 y media

4 ¿Cuánto vale un boleto solo de ida?
a   6 dólares
b   11 dólares
c   20 dólares

5 ¿De dónde sale el autobús?
a   Del norte
b   De la estación de autobuses
c   Del centro

Lee este texto en voz alta.

Taxco es una ciudad colonial situada a 100 millas al sur de la Ciudad de México. Cerca de Taxco hay minas de plata, y por eso es una ciudad muy rica. Esto se evidencia sobre todo en las iglesias y en la catedral. La industria de la plata tiene una historia bastante turbulenta, pero ahora tiene mucha fama. Cada año se celebra la Feria de la Plata en la última semana de noviembre. Allí, muchos artesanos muestran su trabajo, mientras que los turistas visitan la ciudad para comprar las bonitas joyas de plata que ahí se venden. (97 palabras)

Trabaja con tu pareja. Imagina que uno está de viaje en México y el otro trabaja en la oficina de información. Usa las expresiones de la página 23 para informarte sobre el horario y las tarifas de los autobuses y los trenes entre la Ciudad de México y Querétaro.

Horario de autobuses
CIUDAD DE MÉXICO
Salidas:
06:00   12:00   18:00
QUERÉTARO (Por TULA)
Llegadas:
10:00   16:00   22:00
Tarifa para adultos:
De ida y vuelta $10
Solo de ida $6

Horario de trenes

CIUDAD DE MÉXICO	10:00	12:00	16:00	20:00
QUERÉTARO	12:00	14:00	18:00	22:00

Tarifa para adultos: De ida y vuelta $20
Solo de ida $12

Escribe cinco frases para comparar el servicio de tren y de autobús entre la Ciudad de México y Querétaro.

Actividad 8

Lee los anuncios para los distintos tipos de boleto que hay. Luego contesta las preguntas.

Tarjeta de oro
Para los que tienen más de 65 años

Tarjeta extra
Para los que viajan después de las 9 de la mañana y antes de las 4 de la tarde

Tarjeta turista
Válida para 1 o 2 semanas

Tarjeta grupo
Para grupos de más de ocho personas

Días amarillos
Para los que viajan solo los fines de semana

Tarjeta plus
Para los que viajan todos los días

Tarjeta joven
Para los que tienen menos de 26 años

Which ticket would benefit...

1 ... a retired couple?

2 ... two students?

3 ... a school party?

4 ... a daily commuter?

5 ... a holidaymaker with a week to spend travelling?

6 ... someone who is only free at weekends?

7 ... someone who can only travel during the day?

Gramática

Menos de 26 años.
Más de 65 años.
In both these phrases *más* and *menos* are followed by *de*, and not *que* as we have met before (*Mi hermano es más alto que yo*). Can you think why this may be? *Más* and *menos* are followed by *de* when the next word is a number.
Tiene más de cien libros.
Hay más de 437 millones de hispano-parlantes en el mundo.

Track 13

Me gustaría visitar Belice y ver el arrecife. Me encanta el buceo.

A mí me gustaría ir a Argentina, a ver las cataratas de Iguazú. Soy muy aficionado a la naturaleza. Me gusta hacer senderismo en lugares remotos.

Yo quisiera ir de viaje en un crucero de lujo para visitar todos los puertos que están de moda en el mundo. Me encanta estar a la moda.

Lo que más me gustaría a mí es visitar La Habana, en Cuba. Me fascinan los edificios coloniales

VOCABULARIO

el arrecife	reef
la catarata	waterfall
aficionado/a a	a fan of
la naturaleza	nature
hacer senderismo	to go hiking
un crucero	cruise ship
estar de moda	to be in fashion
estar a la moda	to be in style
fascinar	to fascinate
el edificio	building

Varios jóvenes hablan de sus vacaciones ideales. Escucha lo que dicen y luego escribe el orden correcto de las fotos.

¿Cuál es el viaje de tus sueños? Usa el cuadro de abajo para preparar una descripción del viaje de tus sueños, y por qué te gustaría hacerlo.

Por ejemplo: Me gustaría viajar por Sudamérica en moto porque soy muy aventurero y me interesa el mundo hispano.

| Me gustaría Quisiera | viajar a/por ir a hacer senderismo en estar de safari en | África Australia Rusia India la Luna Centroamérica Sudamérica Venezuela Jamaica la República Dominicana Trinidad | en avión en crucero en bicicleta a pie en moto en yate en nave espacial |

porque	soy	romántico/a, deportista, aventurero/a aficionado/a a la naturaleza los animales la moda la aventura
	estoy	muy a la moda
	me gusta(n) me fascina(n) me interesa(n) me encanta(n)	la música/el calipso la arquitectura moderna/colonial la cultura la naturaleza

En el aeropuerto

Mariluz viaja sola por primera vez. Sus padres le explican lo que hay que hacer.

Una vez que estás en el aeropuerto, tú miras el televisor para ver dónde hay que chequear el equipaje.

a

Revisan el boleto y te dan la tarjeta de embarque.

b

Luego tú pasas por el control de pasaportes y los chequeos de seguridad.

c

Después hay que esperar un rato en la sala de espera. Puedes comprarte algo en las tiendas libres de impuestos.

d

Tú vas a la puerta de embarque, subes al avión y buscas el asiento según el número en la tarjeta de embarque.

En el avión te dan una tarjeta de inmigración que entregas al oficial de inmigración cuando llegas a tu destino.

Recoges la maleta del cinturón y pasas por la aduana.

Fernando te espera en la sección de llegadas y te lleva a casa en un taxi. ¡Fácil! ¿No?

VOCABULARIO

hay que (+ infinitive)	*it is necessary (to do)*
viajar	*to travel*
chequear (*also* facturar)	*to check in*
el equipaje	*luggage*
revisar	*to check*
la tarjeta	*card*
el asiento	*seat*
entregar	*to hand over/in*
el oficial	*officer*
la maleta	*suitcase*
el cinturón	*conveyor belt*
la aduana	*customs*
nada/algo que declarar	*nothing/something to declare*
esperar	*to wait for*
la llegada	*arrival*
llevar	*to take*

Actividad 11 · Actividad

Track 16

En los dibujos del aeropuerto se ven muchas cosas relacionadas con los viajes en avión. Escucha la lista y empareja cada frase con la letra apropiada.

Copia y rellena la tarjeta de inmigración con las palabras y frases correctas. ¡Cuidado! Sobran frases.

Nombre	**1**
Fecha de nacimiento	**2**
Lugar de nacimiento	**3**
No. de pasaporte	**4**
Lugar de expedición	**5**
Fecha de vencimiento	**6**
Nacionalidad	**7**
Dirección en el destino	**8**
Duración de la estancia	**9**
Razón de la visita	**10** ☐ Vacaciones ☐ Comercio/Negocios ☐ Visita familiar ☐ Otra (explique)
Firma: **11**	Fecha de hoy: **12**

9 de abril

Tren y coche

Venezolana

Caracas, Venezuela

4 de abril de 2022

Caracas

2 semanas

Avenida Jardín, 49, Ciudad de México

Mariluz Osuna

Mariluz Osuna

Vacaciones

Azul

6323431

Ida y vuelta

16/10/91

Track 17

Escucha. ¿Dónde se dicen las frases? Empareja cada frase con el sitio apropiado.

- **a** En la aduana
- **b** En el control de pasaportes
- **c** En la puerta de embarque
- **d** En el avión
- **e** En la facturación
- **f** En la sala de salidas

ASÍ SE HABLA

It is important to see the links between words to establish connections which will help in comprehension of new material, for example, *viajar* (verb), *el viaje* (noun), *el viajero* (person). Words ending in -ero will often indicate a person: *peluquero, panadero, cocinero*.

VOCABULARIO

el lugar	*place*
el nacimiento	*birth*
el lugar de expedición	*place of issue*
el vencimiento	*expiry*
la estancia	*stay*

Preguntas

1 ¿A dónde te gustaría ir de vacaciones? ¿Por qué?
2 ¿Cómo prefieres viajar? ¿Por qué?
3 ¿Prefieres ir de vacaciones con tu familia o con los amigos? ¿Por qué?

Adivinanzas
¿De que hablan estos versos?

Mi camino es de hierro
de él no puedo salir,
chaca-chaca-chaca-cha
una máquina tira de mí.

Tengo alas y no soy ave,
tengo cola y no soy pez,
y si quieres volar por el mundo
en mi panza te has de meter.

Situaciones

Responde a estas situaciones en español.

1 A friend is going to go on a journey by bus from the resort of Maracay to Caracas, while on holiday in Venezuela. He wants to find out at what time the bus leaves. What does he ask you? What do you respond?
2 A Spanish-speaking friend is coming to visit. Send him/her an email arranging a place and time to meet at the airport.
3 You are going to visit a Costa Rican family. Write to them telling them at what time the plane leaves your home airport and arrives in San José.
4 At the immigration counter, you find out that you have forgotten to fill in your date of birth. What does the officer ask you? What do you respond?

¿Por dónde se va?

In this unit you will:

- find out what there is to see in a town or city
- ask the way
- give directions
- find your way around a town
- understand signs you may see

Track 18

¿Qué hay de interés en la Ciudad de México?

En la oficina de turismo el empleado
ayuda a los turistas a conocer la ciudad.

Empleado:	Buenos días. ¿En qué puedo servirle?
Turista:	¿Tiene un mapa de la ciudad?
Empleado:	Sí, claro. Tome, este es gratuito. Pero hay esta guía que cuesta $2.
Turista:	No, gracias. Este mapa es suficiente.
Turista:	¿Qué hay de interés en la Ciudad de México?
Empleado:	Aquí tiene un folleto turístico con detalles de los museos, las iglesias, los parques...
Turista:	Gracias, ¿y el transporte?
Empleado:	Los taxis son bastante baratos, pero hay un sistema de autobuses. Tome este mapa de la red y este horario.
Turista:	Gracias.
Empleado:	De nada.

VOCABULARIO

conocer	*to (get to) know*
el mapa	*map*
la guía	*guide*
el folleto	*leaflet*
la red	*network*

Track 19

Escucha. ¿Qué piden los jóvenes en la oficina de turismo? Empareja cada frase con el dibujo correcto. ¡Cuidado! Sobran dibujos.

a

b

c d e f g h i

Actividad 2

Trabaja con tu pareja. Pregunta y contesta. ¿Qué hay de interés en tu pueblo?

Actividad 3

Prepara un folleto turístico de tu pueblo o un pueblo cercano que conoces.

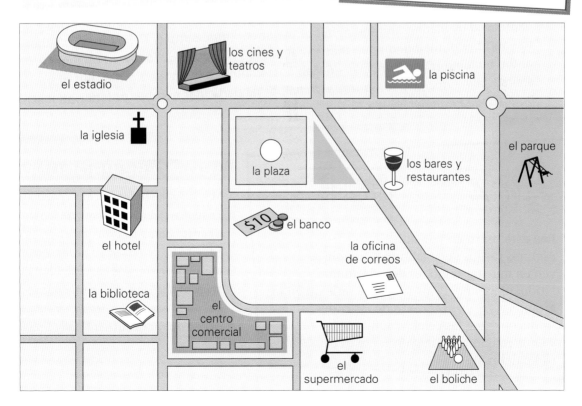

el estadio — los cines y teatros — la piscina — la iglesia — la plaza — el parque — el hotel — el banco — los bares y restaurantes — la biblioteca — la oficina de correos — el centro comercial — el supermercado — el boliche

Nota Cultural

All Spanish towns or villages have a *plaza*, a square which is situated in the heart of it. Often government buildings and other important places are built around the square. Local *fiestas* or celebrations take place here, and people often gather here in the evenings to socialise. You may find that in many towns in Mexico the square is called *el zócalo*.

La catedral en el Zócalo, Ciudad de México

Most villages and towns in the hispanic world are organised in a grid system, with the roads running at right angles to each other. The address of a particular place is expressed by stating first the name of the street (for example, *Calle Principal*), then the number of the building in that street (*Calle Principal, 46*), followed by the floor of the building (*Calle Principal, 46–3a*), and whether it is on the right or left of the stairs (*Calle Principal, 46–3a izqda/drcha*), or its particular number or letter on that floor (*Calle Principal, 46–3a A*).

Actividad 4

Lee este texto en voz alta.
Algunos rasgos de la cultura española se ven en muchas regiones del continente latinoamericano. Estos rasgos se reflejan en la arquitectura, en el trazado de las calles, en las tradiciones, en las celebraciones de las fiestas, y en la religión que mayormente es católica (44 palabras).

¿CÓMO SE PRONUNCIA?

Many Spanish words that resemble English words are often problematic when it comes to pronunciation. It is easy to be tempted to pronounce them the English way. Be careful! Always think of the Spanish vowel sounds *a, e, i, o, u* and words like *región, cultura, usual* will sound more authentically Spanish.

Lee el anuncio. Luego indica si las frases son verdaderas o falsas.

Museo Nacional de Antropología
Paseo de la Reforma
Bosque de Chapultepec
Tfno. 5-553-63-81

Abierto de martes a sábado 09:00–19:00
$7.50
$2.50 extra para el uso de cámaras
Menores de 16 años y estudiantes $5
Cerrado el lunes
Domingos y días festivos 10:00–17:00
entrada gratis
Cerrado del 24 de diciembre al 1 de enero

En el cine del museo:
Sesiones de la película ¡Viva México!
A las 11:00, 14:00 y 17:00 $2.

1 El museo está abierto el lunes de las 9 a las 7 de la tarde.

2 El martes la entrada cuesta $7.50 para los adultos.

3 En los días festivos está cerrado.

4 La entrada es gratis el domingo.

5 No está abierto el 31 de diciembre.

6 Ponen la película 'Bosque de Chapultepec'.

Escribe un anuncio para el Cine Rex, con esta información:

Open every day 4–11;
2 showings Monday–Friday;
3 showings Saturday and Sunday and public holidays;
Tickets $10 for adults,
$6 for children and students

Track 20

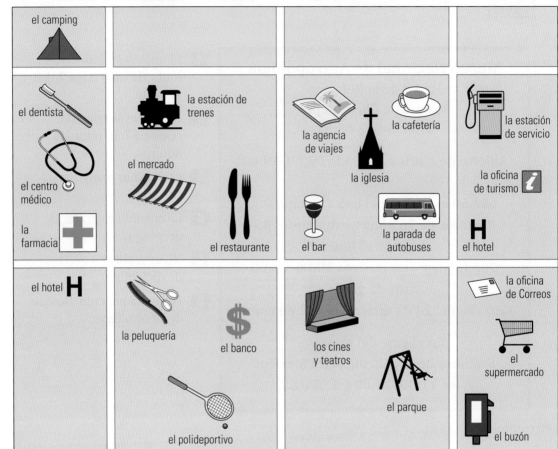

el camping

el dentista

el centro médico

la farmacia

la estación de trenes

el mercado

el restaurante

la agencia de viajes

la iglesia

el bar

la cafetería

la parada de autobuses

la estación de servicio

la oficina de turismo

el hotel **H**

el hotel **H**

la peluquería

el banco

el polideportivo

los cines y teatros

el parque

la oficina de Correos

el supermercado

el buzón

¿Hay una iglesia por aquí?

Sí, hay una entre la cafetería y la parada de autobuses.

¿Hay un buzón por aquí?

Sí, hay uno al lado del supermercado.

¿Hay un polideportivo por aquí?

Sí, detrás del banco, enfrente de los cines y teatros.

¿Hay un hotel por aquí?

Sí, hay uno aquí cerca, a la derecha. Y otro más lejos, a la izquierda.

VOCABULARIO

el museo	*museum*
el polideportivo	*sports centre*
el buzón	*post box*
la parada de autobuses	*bus stop*
la peluquería	*hairdresser's*
la derecha	*right*
la izquierda	*left*

¿Qué se dice en las siguientes situaciones? Trabaja con tu pareja. Toma turnos. Usa el mapa de la ciudad de la página 36 y el cuadro en la página siguiente para preguntar y contestar.

Por ejemplo:

a

b

c

d

e

f

¿Hay un/a	...	por aquí?

Sí, hay uno/a...	delante del/de la	hotel
	detrás del/de la	peluquería
	enfrente del/de la	mercado
	al lado del/de la	etc.
	cerca del/de la	
	lejos del/de la	
	a la derecha del/de la	
	a la izquierda del/de la	
	al final del/de la	
	entre el/la ... y el/la...	

Nota Cultural

Mexico City dates back as early as 10,000 BC, when humans and animals settled on the shores of a vast lake, *Lago de Texcoco*, which covered the floor of the *Valle de México*.

Water has played a part in the history of the city since then, but all that remains today are the water gardens of *Xochimilco*, and the subsidence caused by the rapidly drying subsoil on which the city is built.

Perhaps the group whose influence is most visible today is the Aztecs, who lived there for some 200 years, from 1325 to 1525.

Much of the Aztec past is still part of present-day Mexico City. The *Alameda Central* was their market place; the *Templo Mayor* is the old Aztec temple and *Xochimilco*, which in Náhuatl (a pre-Hispanic language) means 'place where the flowers grow', was the Aztecs' fertile agricultural area. The shallow waters were transformed into canals and are now a place of relaxation, visited by many Mexicans as well as tourists from abroad.

Track 21

La Ciudad de México

Es fácil caminar por la Ciudad de México porque las calles cruzan con las carreteras y la mayoría son rectas. Este es un plano simplificado del centro, con algunos de los lugares más importantes o interesantes marcados.

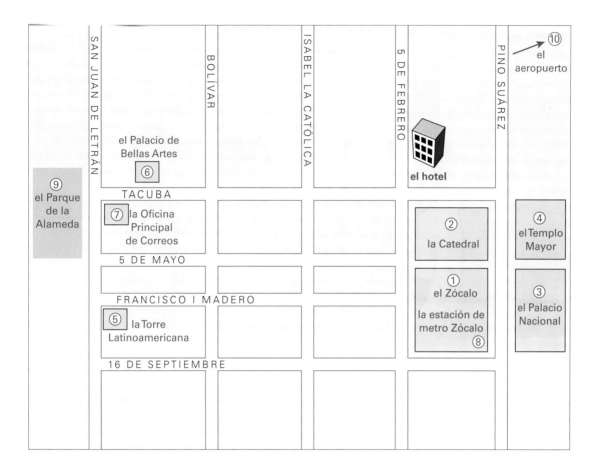

La catedral está cerca del Templo Mayor.

El Palacio Nacional está al lado del Zócalo.

El Templo Mayor está fuera del Zócalo.

El Palacio de Bellas Artes está enfrente de la oficina principal de Correos.

La estación de metro Zócalo está dentro de la plaza.

El Parque de la Alameda está a la izquierda del mapa, y el Zócalo está a la derecha.

El aeropuerto está bastante lejos del centro.

Trabaja con tu pareja. Toma turnos. Uno describe dónde está algún lugar en la Ciudad de México. El otro trata de adivinar qué es.

Track 22

¿Por dónde se va? Dos chicas están delante de la Torre Latinoamericana. Un joven les pregunta...

Joven:	Por favor, ¿para ir al Templo Mayor?
Magdalena:	Sí, está cerca.
Gloria:	No, está bastante lejos.
Magdalena:	Bueno..., depende...
	Baja la calle Madero, cruza el Zócalo y está a la izquierda.
Gloria:	No, no. Sube la calle San Juan de Letrán, toma la segunda a la derecha, sigue todo recto y está al final.
Magdalena:	¡Chica! ¡Es lo mismo!

VOCABULARIO

bajar	*to go down*
cruzar	*to cross*
subir	*to go up*
tomar	*to take*
lo mismo	*the same*

Gramática

In the dialogue above, the verbs *baja, cruza, sube, toma* and *sigue* are examples of commands in their familiar form. We met these previously in the classroom instructions *cierra, abre,* etc.

Now study the verbs in the dialogue on page 41.

Track 23

La familia González está en la Ciudad de México, en el hotel. Quiere ir a visitar unos lugares de interés. El padre habla con el recepcionista y pregunta por dónde se va a varios lugares.

Señor González: Por favor, ¿por dónde se va al Palacio Nacional?

Recepcionista: Bueno, salga del hotel, vaya a la izquierda, cruce la plaza y el Palacio Nacional está enfrente, al otro lado del Zócalo.

Señor González: Y ¿la Torre Latinoamericana?

Recepcionista: Bueno, está bastante lejos, a cinco minutos caminando. Salga del hotel y vaya a la izquierda; siga todo recto hasta la calle 16 de septiembre; doble a la derecha y siga todo recto hasta San Juan de Letrán y la Torre Latinoamericana está en la esquina de la primera calle a la derecha. Es tan alta que es imposible no encontrarla.

Señor González: Y ¿el Palacio de Bellas Artes?

Recepcionista: Bueno, salga del hotel a la izquierda; tome la primera a la derecha y siga todo recto hasta el final. El Palacio de Bellas Artes está en la calle Tacuba, a la derecha.

Señor González: Muchísimas gracias, señor.

Recepcionista: De nada, señores.

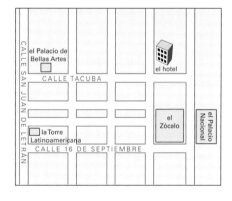

VOCABULARIO

¿por dónde se va a...?	how do you get to...?
caminando	walking
cruzar	to cross
seguir	to carry on
todo recto	straight on
doblar	to turn
la esquina	the corner
encontrar	to find

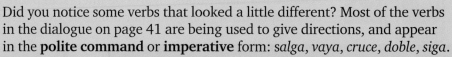

Gramática

Did you notice some verbs that looked a little different? Most of the verbs in the dialogue on page 41 are being used to give directions, and appear in the **polite command** or **imperative** form: *salga, vaya, cruce, doble, siga*.

The general rule for their formation is to take the first person singular, present tense (*salgo, tomo, sigo*) and change the final -*o* to -*e* for -*ar* verbs and -*a* for -*er* and -*ir* verbs.

There are some irregular forms, three of the most common being *vaya (ir), sea (ser),* and *dé (dar).*

Remember, the polite form is used when talking to strangers who are older than you, to whom you should show respect, perhaps in a more formal situation, such as a job interview.

The familiar form is used when talking to family, friends and to other people of your own age whom you may meet socially.

There is only one form for the plural, which is used in both familiar and polite situations.

	Infinitive	Familiar singular	Polite singular	Plural (familiar and polite)
Regular -ar verbs	*tomar* *bajar*	*toma* *baja*	*tome* *baje*	*tomen* *bajen*
Regular -er verbs	*comer* *beber*	*come* *bebe*	*coma* *beba*	*coman* *beban*
Regular -ir verbs	*subir* *escribir*	*sube* *escribe*	*suba* *escriba*	*suban* *escriban*
Some spelling changes occur to retain the sound of the verb	*cruzar* *empezar* *pagar*	*cruza* *empieza* *paga*	*cruce* *empiece* *pague*	*crucen* *empiecen* *paguen*
Some are irregular, of which these are a few	*salir* *tener* *decir* *ser* *ir*	**sal** **ten** **di** **sé** **ve**	**salga** **tenga** **diga** **sea** **vaya**	**salgan** **tengan** **digan** **sean** **vayan**

See page 186 for a note about negative commands and the use of pronouns with commands.

Escucha al recepcionista del hotel. Sigue las instrucciones en el mapa en la página 39. ¿A dónde van las personas?

En el hotel te dan un itinerario turístico. Tú sigues las direcciones. ¿Cuáles son los lugares de interés que ves en el camino?

Empiece en el hotel. Salga del hotel a la izquierda. Siga todo recto hasta la calle 16 de septiembre. Doble a la derecha. Siga todo recto hasta San Juan de Letrán. Doble a la derecha. Tome la tercera a la derecha hasta la plaza.

Tienes que dejar una nota para tus padres para explicar dónde se sitúan los siguientes lugares y cómo se va ahí.

1. El Templo Mayor
2. La oficina principal de Correos
3. La Torre Latinoamericana
4. La estación de metro Zócalo

Escucha los diálogos. Escoge las letras de las instrucciones para cada diálogo ¡Cuidado! No se necesitan todas las instrucciones.

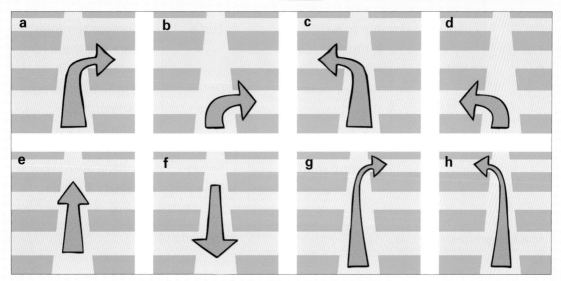

¿Para ir a la plaza? Trabaja con tu pareja. Toma turnos. Usa el cuadro para preguntar y contestar por dónde se va a varios lugares. Remember that *a* + *el* = *al*.

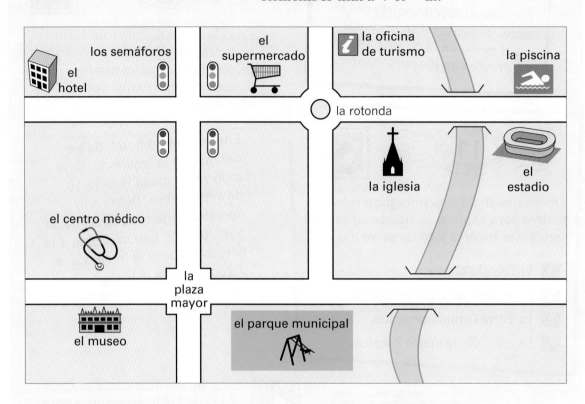

Por favor,	¿por dónde se va a ...? ¿para ir a ...?	la iglesia	Siga	todo recto
		el estadio		
		la piscina	Tome	la primera/segunda/ tercera a la izquierda/ derecha
		el museo		
		el hotel		
		el supermercado	Doble	a la izquierda/derecha
		el parque	Pase	los semáforos/
		la plaza		la rotonda/la plaza
		la oficina de turismo	Cruce	el puente/la plaza
		el centro médico	Suba	la calle/la avenida
			Baje	la calle/la avenida

Muchas gracias.	De nada. Adiós.

Track 26

Aquí hay unas señales que se pueden ver en las calles de un pueblo hispano.

a

PROHIBIDO ESTACIONAR

b

VELOCIDAD MÁXIMA 80 KMS/HORA

c

ESTACIONAMIENTO LIMITADO

¡Qué barbaridad! ¡Tantas reglas! ¡Aquí no se puede hacer nada!

d

NO ENTRAR

e

PROHIBIDO FUMAR

f

CALLE CERRADA

g

PELIGRO

h

OBRAS

i

CALLE SIN SALIDA

k

CEDA EL PASO

l

PARE

j

SENTIDO ÚNICO

VOCABULARIO

estacionar	to park
circular (also conducir)	to drive
cerrado/a	closed
ceder/dar paso (a)	to give way
el peligro	danger
el riesgo	risk
el sentido	direction
el sentido único (also el tráfico unidireccional)	one-way
la señal	sign
la calzada	road surface
la salida	exit
pararse	to stop
las obras	roadworks
prohibir	to forbid, prohibit
se puede	one can

Actividad **14**

Empareja cada señal (a–l) con la explicación correcta (1–12).

1 Aquí no se puede estacionar el carro.

2 Aquí se puede estacionar durante un período limitado.

3 No se puede entrar en esta calle.

4 Velocidad limitada a 80 km por hora.

5 No hay salida en esta calle.

6 Hay altos riesgos.

7 Están reparando la calzada. ¡Cuidado!

8 Solo se puede entrar en un sentido.

9 Hay que dar paso a otros carros.

10 La calle está bloqueada.

11 Aquí se debe parar.

12 Se prohiben los cigarrillos aquí.

¿A cuánto está?

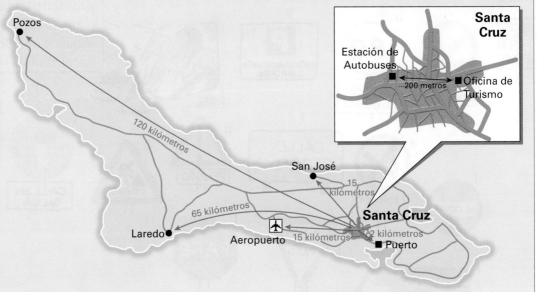

Pozos

120 kilómetros

San José

15 kilómetros

Santa Cruz

65 kilómetros

Laredo

Aeropuerto   15 kilómetros   2 kilómetros

■ Puerto

Santa Cruz

Estación de Autobuses

200 metros   ■ Oficina de Turismo

¿A qué distancia está el aeropuerto de aquí?

Está a 15 kilómetros, a unos 30 minutos en autobús.

¿A cuánto está la *estación de autobuses*?

Está a dos cuadras de aquí, a unos 200 metros, a cinco minutos andando.

¿A cuánto está San José de aquí?

Está a 15 kilómetros, a media hora en carro.

15

Trabaja con tu pareja. Toma turnos. Pregunta y contesta: ¿a qué distancia está Laredo/Pozos/el puerto?

16

Tienes que explicar a un visitante español dónde están varios lugares en tu ciudad/ pueblo. Escribe una descripción de la situación relativa de estos lugares.

Por ejemplo:
– ¿A cuánto está el banco?
– El banco está a 200 metros, enfrente de la oficina de correos.

Estudia las señales en el dibujo del pueblo.
Luego contesta las preguntas.

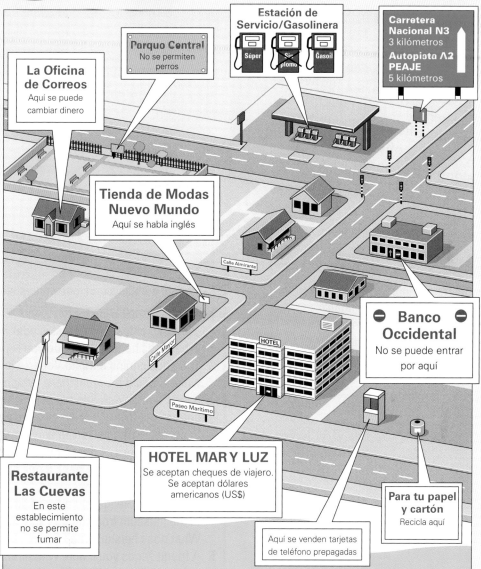

Estación de
Servicio/Gasolinera

Súper · Sin plomo · Gasoil

Carretera
Nacional N3
3 kilómetros
Autopista A2
PEAJE
5 kilómetros

Parque Central
No se permiten
perros

La Oficina
de Correos
Aquí se puede
cambiar dinero

Tienda de Modas
Nuevo Mundo
Aquí se habla inglés

Calle Almirante

Banco
Occidental
No se puede entrar
por aquí

HOTEL

Calle Mayor

Paseo Marítimo

HOTEL MAR Y LUZ
Se aceptan cheques de viajero.
Se aceptan dólares
americanos (US$)

Restaurante
Las Cuevas
En este
establecimiento
no se permite
fumar

Para tu papel
y cartón
Recicla aquí

Aquí se venden tarjetas
de teléfono prepagadas

1 What are you not allowed to do in the
   Restaurante Las Cuevas?

2 Where is English spoken?

3 Who or what is not allowed in the park?

4 Where can you change money?

5 What can you buy at the kiosk?

6 How can you pay in the Hotel Mar y Luz?

7 What is special about the highway?

8 What problem may you encounter
   at the petrol station?

9 What should you bear in mind when
   entering the bank?

10 Which is nearer, the main road or
   the highway?

Nota Cultural

Note the different words for 'road' in Spanish. You find a *calle* in a town. A *carretera* is a main road between towns, and an *autopista* is a highway. An *avenida* is usually a broad avenue, often lined with trees. A *paseo* is often a road running alongside a beach or river.

Preguntas

1 ¿Qué hay de interés para los jóvenes en tu barrio, pueblo o ciudad?
2 Si eres turista, ¿qué puedes visitar en tu barrio, pueblo o ciudad?
3 ¿A qué distancia está tu colegio de tu casa?

Situaciones

Responde a estas situaciones en español.

1 A Spanish-speaking tourist wants to find out about places of interest in your area. What does he ask? What do you reply?
2 You are planning a trip to Venezuela and want to visit a museum there, which is open from 12–7 on Sundays, when the entrance is free. Write an email to your Venezuelan pen pal telling him/her this.
3 He/She replies but doesn't know where the museum is. Write back to tell him/her the museum's location.
4 He/She then sends you a set of directions to the museum from the bus station. What does he/she write?
5 A friend sends you a note with directions to his/her house. What does the note say?
6 You leave a note explaining to your pen pal how far you live from the city centre. What do you write?
7 You write an email to a Spanish-speaking friend to persuade him/her to come and visit you. What do you tell him/her about the town/area in which you live?

En el hotel

In this unit you will:
- learn how to make a hotel booking
- make choices between things
- make a complaint

Track 28

Recepcionista:	Hotel Miramar. Buenas tardes. ¿En qué puedo ayudarle?
Cliente:	Buenas tardes. Quisiera saber si tiene habitaciones libres el 17 de mayo.
Recepcionista:	Sí, señor. A ver... ¿Para cuántas personas?
Cliente:	Somos cuatro, mi esposa, mis dos hijos y yo.
Recepcionista:	¿Y por cuántas noches?
Cliente:	Por tres noches.
Recepcionista:	Sí, señor. Tenemos habitaciones libres.
Cliente:	Bueno, quisiera reservar tres habitaciones, una doble con cama de matrimonio, y dos habitaciones individuales.
Recepcionista:	¿Y con vistas al mar o a la montaña?
Cliente:	Al mar, por favor.
Recepcionista:	Muy bien.
Cliente:	¿Y cuánto es por habitación?
Recepcionista:	Bueno, la doble por noche cuesta cincuenta dólares americanos, y la individual cuarenta dólares. Si quiere el desayuno son cinco dólares adicionales, impuestos incluidos. Y hay un pequeño descuento por tres noches o más.
Cliente:	¿Tiene piscina el hotel?
Recepcionista:	Sí, señor. Tenemos una piscina.
Cliente:	¿Y hay WiFi?
Recepcionista:	Sí, tenemos WiFi en todas las habitaciones.
Cliente:	¿Hay salas de juegos para los niños?
Recepcionista:	No, señor, pero tenemos un pequeño parque infantil.

VOCABULARIO

quisiera	*I would like*
una habitación	*room*
la esposa	*wife*
una cama de matrimonio	*double bed*
individual	*single*
la vista	*view*
el mar	*sea*
la montaña	*mountain*
el desayuno	*breakfast*
el impuesto	*tax*
el descuento	*discount*

Track 28

Escucha y lee el diálogo en la página 49. Luego contesta las preguntas.

1 How many people is the reservation for?

2 What sort of rooms do they want?

3 What view do they want?

4 Name four of the hotel's facilities.

Track 29

Escucha las conversaciones en la recepción del hotel. Luego contesta las preguntas.

1 a How many, and what type of rooms are being reserved?

b What information is given about breakfast?

2 a When is the reservation for?

b What sort of room does she want?

3 a How long is the reservation for?

b Why is there a discount?

Trabaja con tu pareja. Toma turnos. Imagina que uno es el cliente y el otro el recepcionista. Haz las siguientes reservaciones.

1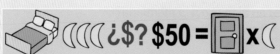

2

3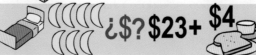

4

Lee la página web del Hotel La Marina.
Luego contesta las preguntas.

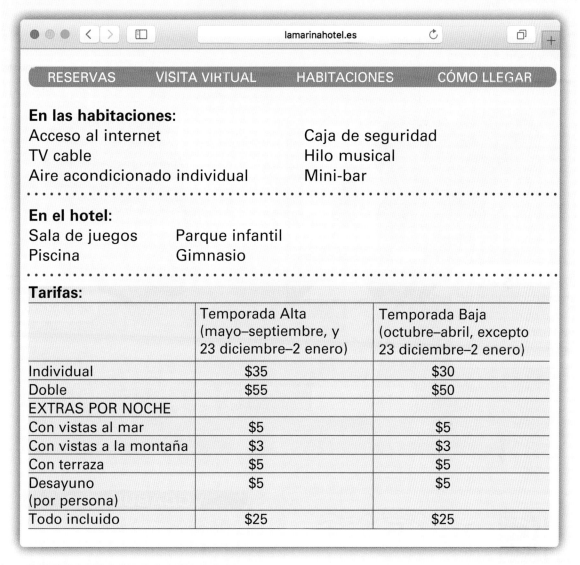

lamarinahotel.es

RESERVAS   VISITA VIRTUAL   HABITACIONES   CÓMO LLEGAR

En las habitaciones:

Acceso al internet   Caja de seguridad
TV cable   Hilo musical
Aire acondicionado individual   Mini-bar

En el hotel:

Sala de juegos   Parque infantil
Piscina   Gimnasio

Tarifas:

	Temporada Alta (mayo–septiembre, y 23 diciembre–2 enero)	Temporada Baja (octubre–abril, excepto 23 diciembre–2 enero)
Individual	$35	$30
Doble	$55	$50
EXTRAS POR NOCHE		
Con vistas al mar	$5	$5
Con vistas a la montaña	$3	$3
Con terraza	$5	$5
Desayuno (por persona)	$5	$5
Todo incluido	$25	$25

1 How much would it cost for a double room, with breakfast, for one night in November?

2 How much would it cost for a single room with a terrace, for one night in May, full board?

3 How much would it cost for a double room, with sea view and terrace, for one night in July?

4 How much would a single room with terrace cost on December 31st?

5 What facilities would you expect to find in the rooms?

6 Name four things which the hotel has for the use of its guests.

Para confirmar la reservación, ¿me deja su número de tarjeta de crédito por favor?

¿Puedo pagar con cheques de viajero?

¡Cómo no!… con tarjeta de crédito, cheques de viajero, o en efectivo. ¿A qué hora espera llegar?

Sobre las diez de la noche.

Muy bien.

5

Tienes una reservación en un hotel, y tu papá quiere saber si puede pagar con tarjeta de crédito. También vas a llegar tarde al hotel, después de las once de la noche. Escribe un email al hotel para preguntar sobre las tarjetas de crédito, y para confirmar la hora de tu llegada.

VOCABULARIO

la tarjeta de crédito	*credit card*
el cheque de viajero	*traveller's cheque*
en efectivo	*in cash*
esperar	*to expect*
llegar	*to arrive*

La llegada

Señor Torres:	Tenemos unas habitaciones reservadas a nombre de Alfredo Torres.
Recepcionista:	Sí, muy bien, un momento... aquí está. Tres habitaciones, la 102, la 104 y la 106.
	¿Me permite su pasaporte o documento de identidad, por favor?
Señor Torres:	Sí, aquí tiene.
Recepcionista:	¿Puede llenar y firmar esta planilla, por favor?
Señor Torres:	Sí, ¡cómo no!
Recepcionista:	Aquí tiene las llaves, señor.
Señor Torres:	Gracias. ¿Dónde se puede estacionar?
Recepcionista:	A la derecha de la entrada está el estacionamiento.
Señor Torres:	¿Y el restaurante?
Recepcionista:	Por aquí, al fondo.
Señor Torres:	¿A qué hora se sirve el desayuno?
Recepcionista:	Desde las 7 hasta las 10.
Señor Torres:	Muy bien, gracias.
Recepcionista:	¿Algo más?
Señor Torres:	No. Es todo por el momento. Hasta luego.

Actividad 6

Trabaja con tu pareja. Toma turnos. Uno es el cliente y el otro el recepcionista. El cliente llega a la recepción del hotel y pregunta por su habitación.

VOCABULARIO

¿me permite...?	*may I have...?*
llenar	*to fill (in)*
firmar	*to sign*
la planilla	*form*
estacionar	*to park*

Ordena las frases lógicamente para hacer una conversación entre el cliente y el recepcionista.

a Sí, ¿dónde está la cafetería?

b Tengo una habitación reservada a nombre de Cimas.

c Muchas gracias. Hasta luego.

d Buenos días, ¿en qué puedo servirle?

e A ver... un momento... sí, una individual, la 54. ¿Me permite su pasaporte, por favor?

f Siga por este pasillo hasta el final. Está a la derecha

g Muchas gracias. Aquí tiene la llave. ¿Algo más?

h Aquí tiene.

Estudia la factura del hotel y contesta las preguntas.

Hotel Gran Sol
Avenida Marítima – Puerto de la Cruz
Tfno. 922 65 64 39

Habitación 9

Día	4 de abril	5 de abril	6 de abril	TOTAL
Habitación	$45	$45		$90
Desayuno		$6	$6	$12
Almuerzo	$10			$10
Cena		$15		$15
Cafetería	$5	$10		$15
Teléfono	$2			$15
Internet	$1	$1		$2
Total del día	$63	$77	$6	$2
Impuestos 15%				$146
TOTAL				$21.90
				$167.90

1 Where is the hotel located?

2 What is the room number?

3 How many nights was the stay?

4 What meals have been eaten?

5 How much has been spent in the coffee shop?

6 How much tax is paid?

7 What costs $12 in total?

8 Apart from food and drink, what are the other extras, and how much do they cost?

Nota Cultural

In many hotels and guest houses in Spain, there will be a *Libro de reclamos* or *Libro de reclamaciones*, a book in which you can record any complaints. These have to be available for government inspectors who visit from time to time to ensure that standards are kept. Often, In other countries there are similar suggestion boxes, or forms you can fill in which serve a similar purpose.

El libro de reclamos

El vaso está sucio.

Falta una toalla.

No hay jabón.

El ascensor no funciona.

La silla está rota.

el baño

la televisión

el teléfono

la radio

las cortinas

el gel de ducha

el champú

la luz

el cable

la bombilla

el ventilador

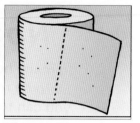
el papel higiénico

el agua caliente

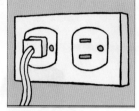
la electricidad

el aire acondicionado

Track 32

Actividad 9

Escucha los reclamos. ¿Cuál es el problema? Escoge la letra que corresponde a cada reclamo que oyes.

a   There is no hot water.

b   The curtains are broken.

c   The shampoo is missing.

d   There is no toilet paper.

e   The television doesn't work.

f   The bath is dirty.

Actividad 10

¿Qué se dice en las siguientes situaciones?

1

2

3

4

7

8

5

6

El señor Torres está furioso. Hay muchos problemas con el hotel en el que se aloja. Él escribe una carta al director. Lee la carta, luego contesta las preguntas.

VOCABULARIO

reclamar	to complain
solucionar	to resolve
cuanto antes	as soon as possible

Muy señor mío:

Le escribo para reclamar sobre algunos problemas que hay en su hotel.

1 En la habitación, la radio no funciona.
2 La mesa de noche está rota.
3 No hay recepcionista a partir de las 9.
4 Faltan jabón y gel de ducha en el cuarto de baño.
5 El restaurante está muy sucio.

Es importante solucionar estos problemas cuanto antes. Si no, me voy sin pagar y no regreso.

Atentamente,
Señor Torres

1 What is the problem with the radio?
2 What is broken?
3 Why can't he get help at night?
4 What is missing from the bathroom?
5 What is the problem with the restaurant?
6 What will he do if the problems are not resolved?

Escribe cinco reclamos diferentes en el libro de reclamos del hotel en donde te alojas.

Fecha	Reclamo	Nombre

Preguntas

1 Si vas de vacaciones a un hotel, ¿cuáles son para ti las instalaciones más importantes?
2 ¿Qué prefieres, unas vacaciones en el campo o cerca del mar? ¿Por qué?
3 ¿Qué te gusta más, una habitación con vistas a la montaña o al mar?
4 ¿Qué prefieres, un hotel con piscina, o acceso a la playa? ¿Por qué?
5 ¿Te gusta comer en el restaurante del hotel o en los restaurantes y cafeterías del pueblo?

Situaciones

Responde a estas situaciones en español.

1 A friend's parents are booking a hotel in Panama. They are contacting a couple of hotels to ask about their facilities, in particular if there is a swimming pool, TV in the rooms and internet access. They ask you to email the hotels. What do you write?
2 The same friend's parents want you to book a double room for them, for three nights from 26th August. They want to know the price per night. What message do you email to the hotel receptionist? What is the reply?
3 A sign at the reception desk says that credit cards are not accepted. What does it say?
4 On your holiday, you have certain complaints about things in your room. You leave a note for the chambermaid saying that the towels are dirty, there is no soap, and the TV doesn't work. What does the note say?

Prueba 1 Unidades 1–4

Tracks 33 and 34

A

1 Escucha. ¿Dónde se oyen las declaraciones/preguntas/palabras? Escoge la letra del lugar apropiado para cada una. (Algunas se usan dos veces.)

  a En el hotel

  b En la calle

  c En la oficina de turismo

  d En la agencia de viajes

  e En la estación de autobuses

  f En el aeropuerto

2 Patricia está de vacaciones en un viaje escolar. Ella llama a sus padres para contarles qué tal está. Escucha lo que dice. Luego contesta las preguntas en español.

  A 1 ¿Cómo es el hotel?

    2 ¿Cómo son las habitaciones?

    3 ¿Qué hay en las habitaciones? Nombra dos cosas.

  B 4 ¿Qué hay en el hotel? Nombra dos cosas.

    5 ¿Cómo es el restaurante?

    6 ¿Cuál es el único problema?

B

1 Trabaja con tu pareja. Uno es el cliente y el otro el empleado. Prepara un diálogo en la agencia de viajes.

Cliente:	Greet the travel agent.
Empleado:	Reply.
Cliente:	You want to go to Miami. Ask which is cheaper, Carib Express or American Star.
Empleado:	Reply that Carib Express is cheaper but American Star is quicker because it is direct.
Cliente:	Ask what time the Carib Express plane leaves on Sunday 4th May.
Empleado:	There are two planes, one at 8 a.m. and one at 2 p.m.
Cliente:	Ask how long the journey is.
Empleado:	One and a half hours.
Cliente:	Book a return flight on 8 a.m. plane.
Empleado:	Ask when the customer wants to return.
Cliente:	Sunday 11th May, in the afternoon. Ask price.
Empleado:	$500.

2 Ahora cambia de rol. El otro es el cliente y el primero el empleado.
Prepara un diálogo en la oficina de turismo.

Cliente: Ask for a map of the city.
Empleado: Give him/her the map and ask if he/she needs anything else.
Cliente: Ask what you should visit. Is there a brochure on interesting places?
Empleado: There is a fabulous mall, with lots of big shops, and the parks are beautiful.

Cliente: Ask what time the shops close.
Empleado: At 7 p.m.
Cliente: Ask how to find the Hotel el Puente.
Empleado: Give directions.

3 Cambia de rol otra vez y prepara un diálogo en el hotel.

Cliente: Ask if they have a double room for today.
Empleado: Ask for how many nights.
Cliente: Three nights.
Empleado: Double or single beds?
Cliente: Single.
Empleado: Room with a view or not?
Cliente: With a view. How much is the room?
Empleado: $40 per room per night.
Cliente: And with breakfast?
Empleado: Breakfast is $5.

1 Estudia el horario y luego escoge la respuesta a cada pregunta.

Horario de salidas desde Trinidad hasta Barbados, via Tobago y Granada, o solamente via Granada			
	Vuelo 001	Vuelo 002	Vuelo 003
Trinidad	08:00	10:00	14:00
Tobago	08:40	–	14:40
Granada	09:30	10:30	15:30
Barbados	10:30	11:30	16:30

1 ¿Cuántos vuelos diarios hay de Trinidad a Barbados?
   a 1   b 2   c 3

2 ¿A qué hora sale el vuelo más directo de Trinidad a Barbados?
   a a las 8   b a las 10   c a las 2 de la tarde

3 ¿Qué avión llega a Tobago por la mañana?
   a el de las 8
   b el de las 10
   c el de las 2 de la tarde

4 ¿Cuántas horas tarda el avión de las 10 en llegar a Barbados?
   a 1 hora y media
   b 2 horas y media
   c 3 horas y media

2 Lee el letrero e indica si las afirmaciones son verdaderas o falsas.

> **Supermercado Gigante**
> **Abierto de lunes a viernes**
> desde las 8 de la mañana hasta las 10 de la noche
> **Sábados:** desde las 8 hasta las 2 y desde las 5 de la tarde hasta las 8 de la noche
> **Domingos:** desde las 8 hasta las 2

   1 El supermercado está abierto a las 3 de la tarde el domingo.
   2 El supermercado está abierto a las 3 de la tarde el sábado.
   3 El supermercado está abierto a las 3 de la tarde el miércoles.
   4 El supermercado está cerrado a las 3 de la tarde el jueves.

3 Lee las tarifas del hotel. Luego contesta las preguntas.

Hotel Playamar
Tarifa (Impuestos incluidos)
Habitación doble con ducha $60
Habitación individual $40
Desayuno $5
Incluida: televisión
Extras: Internet, Teléfono, Mini-bar

1 What is the price of a double room with breakfast?
2 Do you pay extra to have a TV in the room?
3 What costs $40?
4 Are there extra taxes to pay?
5 Is the use of the internet included in the cost of the room?

D

1 Escribe una carta a un hotel para reservar una habitación individual con baño y desayuno para dos noches del 6 al 8 de abril. Pregunta por el precio de la habitación.

2 Copia y rellena esta ficha de inmigración con tus detalles.

Nombre	
Apellido	
Nacionalidad	
Fecha de nacimiento	
Lugar de nacimiento	
Edad	
Dirección/Domicilio	

¿A dónde fuiste?

In this unit you will:
- learn how to talk about where you went, using the past tense
- talk about your holidays, where you went, with whom, etc.
- say when you went

Track 35

Las vacaciones de verano

Miguel habla con Raúl de las vacaciones de este verano.

Raúl:	¿A dónde fuiste de vacaciones este verano, Miguel?
Miguel:	Fui a San Vicente. Fuimos a visitar a mis abuelos.
Raúl:	¿Sí? ¡Qué bien! ¿Y cómo fuiste?
Miguel:	Pues, fui en avión.
Raúl:	¿Fuiste con tu familia?
Miguel:	Sí, fuimos mis padres, mi hermano y yo; pero mi hermana fue a México en viaje escolar.
Raúl:	¿Sí? ¡Qué interesante! ¿A dónde fueron?
Miguel:	Fueron a la Ciudad de México y a Mérida. ¡Qué suerte!, ¿no?

VOCABULARIO

¡Qué suerte!   *How lucky!*

Gramática

Did you notice anything different about the verbs in the dialogue on page 62? Why do you think they are so different? What are the people talking about? They are talking about some trips that various people made **in the past**. The verb is *ir* in the past tense, which is referred to as the **preterite** tense.

Here are the forms of the preterite tense of *ir* with their subject pronouns.

yo	*fui*	I went
tú	*fuiste*	you (singular, familiar) went
él/ella/usted	*fue*	he/she/it/you (singular, polite) went
nosotros/as	*fuimos*	we went
ellos/ellas/ustedes	*fueron*	they/you (plural) went

You will see that these forms seem to bear no relation to the infinitive *ir*. It is a highly irregular verb, but one which is used very often, so it is important to become familiar with it as soon as possible.

Pregunta a tus compañeros de clase a dónde fueron de vacaciones, cómo y con quién. Copia y rellena el cuadro con las respuestas.

Name	Where?	How?	With whom?

¿A dónde fuiste de vacaciones?

¿Cómo fuiste?

¿Con quién fuiste?

Habla de los viajes de tus compañeros de la Actividad 1.

Por ejemplo:
Carla fue a México con sus tíos.
Fueron en avión.
Pedro y Ramón fueron a San Vicente en avión con sus padres.

Track 36

Escucha los diálogos. Copia el cuadro y completa lo que falta.

¿Quién?	¿Dónde?	¿Cuándo?	¿Cómo?
Por ejemplo:			
Marta	San Juan	Agosto	en avión

– ¿A dónde fuiste ayer?
– Fui al colegio.

– ¿A dónde fue tu papá anteayer?
– Fue a la biblioteca.

– ¿A dónde fueron tus amigos el domingo pasado?
– Fueron a la playa.

– ¿A dónde fueron ustedes la semana pasada?
– Fuimos a casa de mis amigos.

Gramática

Did you notice what each question on page 64 is asking?
It is asking about a specific time in the past.

The following time expressions indicate that you need to use the preterite tense:

ayer	yesterday
anoche	last night
anteayer	the day before yesterday
el domingo	on Sunday (just gone)
el sábado pasado	last Saturday
hace unos días	a few days ago
hace una semana	a week ago
la semana pasada	last week
el mes pasado	last month
el año pasado	last year
por la tarde	in the afternoon/evening

Can you work out how to say: 'last Monday', 'last Wednesday'?
And how would you say: 'a year ago', 'two years ago'?

Preguntas

1 ¿A dónde fuiste de vacaciones el año pasado?
2 ¿Con quién fuiste?
3 ¿Cómo fuiste?
4 ¿A dónde fuiste el fin de semana pasado?

Situaciones

Responde a estas situaciones en español.

1 You come home late from school. Explain to your mother where you went and with whom.
2 When you go in to school a friend asks why you didn't answer your phone last night. Tell him where you went, at what time, and with whom.
3 Your teacher asks why you didn't hand in your homework. Explain that you went to your grandparents' house with your family, to celebrate your grandfather's birthday.

Lee el texto y contesta las preguntas.

El mes pasado fui a Inglaterra con mis padres. Fuimos en avión. Mi papá fue a trabajar y mi mamá y yo fuimos a hacer turismo en Londres. Un día fuimos al Palacio de Buckingham y a la torre de Londres. Otro día fuimos de compras. Mi pobre papá solo fue a la oficina y al aeropuerto.

1 When did the writer go to England?

2 Who did he go with?

3 How did they travel?

4 Why did his father go?

5 And why did the writer and his mother go?

6 Where did they visit in London? (2 places)

7 What else did they do?

8 Where did his father go? (2 places)

Nota Cultural

Many Spaniards do not travel outside their country for their annual holidays, two out of three will remain in Spain. They are accustomed to spending time on the Spanish coasts, and not travelling further afield. For example, many of the inhabitants of Madrid go north, to the cooler coastal areas of the Basque country. Many families have houses in the country areas surrounding their home towns. 60% of Spaniards take their holidays in July and August. Nowadays, with Spain being a member of the European Union, and with air travel having become much cheaper, more Spaniards look for holiday destinations beyond their borders, with preferred destinations being Italy, France, Portugal and the UK, in that order.

¿Qué tal lo pasaste?

In this unit you will:

- find out how to say what you did in the past using regular verbs
- relate what happened to your friends
- talk about historical events

El fin de semana

Unos amigos regresan al colegio después del fin de semana.

Luis:	Hola Enrique. ¿Qué tal el fin de semana?
Enrique:	Regular. Yo no hice mucho. ¿Qué hiciste tú? ¿Qué tal lo pasaste tú?
Luis:	Lo pasé muy bien. Fui a casa de Tomás y conocí a una chica muy bonita. Hablé con ella toda la noche.
Enrique:	Y tú Fernando, ¿qué hiciste?
Fernando:	Salí el sábado por la tarde. Cené en un restaurante y luego fui al cine para ver una película de acción muy emocionante. Volví a casa muy tarde.
Enrique:	Y Carlos, ¿qué hiciste tú?
Carlos:	Visité a mis abuelos el domingo. Paseé con ellos por el parque.
Enrique:	¿Y yo? Me quedé en casa y aprendí los verbos irregulares. ¡Qué vida tan dura!

VOCABULARIO

conocer a alguien	to meet someone (for the first time)
cenar	to have dinner
una película de acción	an action film
emocionante	exciting
pasear	to go for a stroll
quedarse	to stay

Gramática

In the previous unit we met the verb ir in the past (preterite) tense (*fui, fuiste, fue, fuimos, fueron*). This unit has more verbs in the same tense. To describe a completed action in the past, we use a verb tense called the **preterite** or **simple past**. This tense equates to the **simple past** tense in English.

What endings do you see for the first person of regular -*ar* verbs on page 67? And for -*er* and -*ir* verbs? Look below.

Regular verbs (preterite)

-*ar* = *é*   -*er*/-*ir* = *í*
(Yo) cené, visité, pasé   *conocí, volví, aprendí, salí*

In the first person singular, regular -*ar* verbs end in -*é* (*cené, visité, pasé*), and regular -*er* and -*ir* verbs end in -*í* (*conocí, volví, aprendí, salí*).

Some verbs do not follow these patterns. *Hice* and *hiciste* come from the verb *hacer* which is irregular, like *ir*. This verb is often used to ask 'What did you do?': *¿Qué hiciste?*

Actividad 1

Trabaja con tu pareja. Toma turnos. Usa los dibujos para preguntar y contestar.

¿Qué hiciste anoche?

visitar a mis amigos | asistir a una fiesta | escuchar música | bailar | salir con mis padres | conocer a un nuevo amigo

leer el periódico | comer en casa | escribir una carta | comprar unos zapatos nuevos | estudiar | aprender el vocabulario

 Lucía escribe a su amiga Paula.
Lee el correo electrónico. Luego
contesta las preguntas.

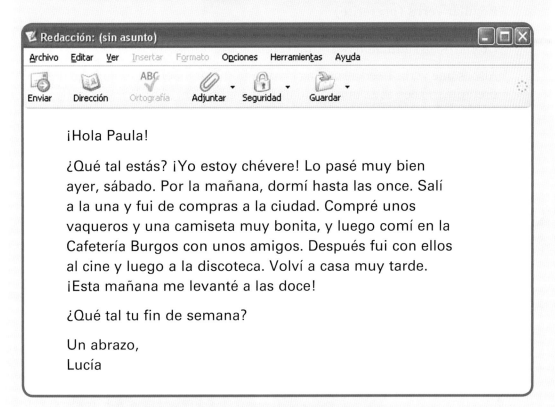

Redacción: (sin asunto)

Archivo Editar Ver Insertar Formato Opciones Herramientas Ayuda

Enviar   Dirección   ABC Ortografía   Adjuntar   Seguridad   Guardar

¡Hola Paula!

¿Qué tal estás? ¡Yo estoy chévere! Lo pasé muy bien
ayer, sábado. Por la mañana, dormí hasta las once. Salí
a la una y fui de compras a la ciudad. Compré unos
vaqueros y una camiseta muy bonita, y luego comí en la
Cafetería Burgos con unos amigos. Después fui con ellos
al cine y luego a la discoteca. Volví a casa muy tarde.
¡Esta mañana me levanté a las doce!

¿Qué tal tu fin de semana?

Un abrazo,
Lucía

1 What sort of a Saturday did Lucía have?

2 What happened at 11 o'clock on Saturday morning?

3 At what time did she go out?

4 Where did she go shopping?

5 What did she buy?

6 Who did she eat with in the Cafetería Burgos?

7 Where did they go then?

8 What time did she get up this morning?

Gramática

Can you see the endings of regular verbs *-ar*, *-er* and *-ir* in the preterite for the first person plural (*nosotros/as*) in the dialogue above? Have a look below:

Regular verbs (preterite)

-ar = -amos   *-er/-ir = -imos*

(Nosotros/as) estudiamos   *aprendimos, discutimos, escribimos*

Also, some verbs need a spelling change in the first person singular in the preterite to keep the same sound as in the infinitive:

jugar → jugué   *sacar → saqué*

buscar → busqué   *empezar → empecé*

Track 39

En la clase de historia...

Profesora:	Buenos días, alumnos. ¿Qué hicimos en la última clase? ¿Marta?
Marta:	Estudiamos la historia de Venezuela, profesora.
Profesora:	Muy bien. ¿Y qué más? ¿Rodrigo?
Rodrigo:	Aprendimos de la vida de Simón Bolívar.
Profesora:	Excelente. ¿Y... Laura?
Laura:	Luego discutimos algunos artículos.
Profesora:	¿Y los deberes? ¿Elena?
Elena:	Escribimos un reporte sobre los conquistadores.
Profesora:	Eso es. Muy bien chicos.

Actividad 3

Track 40

Teresa regresa a casa después de un día en el colegio y habla de su día con su mamá. Escucha el diálogo entre Teresa y su madre. Luego ordena los dibujos correctamente para ilustrar el día de Teresa.

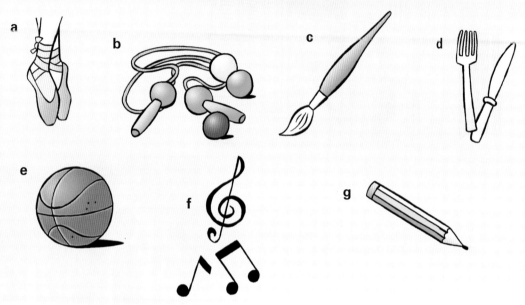

a

b

c

d

e

f

g

Actividad 4

Trabaja con tu pareja. Toma turnos. Inventa diálogos cortos en que preguntas lo que hizo tu amigo/a el verano pasado/anoche/el fin de semana pasado/en la última clase de español. Usa algunas frases negativas en tus diálogos.

Por ejemplo:

¿Qué hiciste en la clase de biología ayer?

No hicimos mucho. Hablamos de los exámenes. Me aburrí.

Track 41

Una tarde desastrosa

Anoche salí con mi novia, pero ¡qué desastre!

1 Primero el autobús no llegó y luego empezó a llover.

2 Entonces esperamos veinte minutos en la lluvia, sin paraguas.

3 Así que mi novia se enfadó conmigo y me gritó.

4 Media hora después fuimos a un restaurante. Ella comió y bebió pero no habló durante la cena.

5 Más tarde entraron sus amigas y se sentaron con nosotros.

6 Hablaron juntas pero no me dirigieron la palabra. ¡Qué chicas tan antipáticas!

VOCABULARIO

llegar	*to arrive*	gritar	*to shout*
llover	*to rain*	sentarse	*to sit down*
la lluvia	*rain*	dirigir la palabra	*to address (a person), speak to (a person)*
el paraguas	*umbrella*		
enfadarse	*to get angry*	antipático/a	*unpleasant, nasty*

ASÍ SE HABLA

The following words can help you in your writing to make the passage flow. Make a note of them, and use them when you can.

primero	first(ly)
luego	then
así que	so, therefore
entonces	then, therefore
más tarde	later
después	after

Gramática

If you study the text on pages 72 and 73 you will find examples of the third person singular and plural of regular verbs in the preterite tense. Can you see the endings for *-ar* verbs? And for *-er* and *-ir* verbs? They are *-ó* and *-aron* for *-ar* verbs, and *-ió* and *-ieron* for *-er* and *-ir* verbs. We now have a full set of endings for all regular verbs in the preterite or simple past tense, as follows:

	-ar verbs	**-er and -ir verbs**
yo	-é	-í
tú	-aste	-iste
él/ella/usted	-ó	-ió
nosotros/as	-amos	-imos
ellos/ellas/ustedes	-aron	-ieron

Note that radical-changing verbs, such as *sentarse*, don't have any changes in the stem vowel in the preterite tense: *me senté, se sentaron*.

Stem-changing *-ir* verbs, such as *dormir, vestirse, sentir*, however, do have a change in the third person of the verb, singular and plural. See below:

Dormir: dormí, dormiste, durmió, dormimos, durmieron
Vestirse: me vestí, te vestiste, se vistió, nos vestimos, se vistieron
Sentir: sentí, sentiste, sintió, sentimos, sintieron

NB: These verbs are called stem-changing verbs or radical changing verbs, meaning that there is a change in the stem or root of the infinitive. The stem/root is the part of the infinitive that is left when the *-ar, -er* or *-ir* is taken off:
sentir (stem = *sent-*)

Hay una frase para describir a cada persona ilustrada abajo. Empareja la frase con la persona correcta.

a Maradona

b El equipo de bob de Jamaica

d Madonna

c Simón Bolívar

e Venus y Serena Williams

f Antonio Banderas

g Bob Marley

h Shakira

1 Murió en 1981.

2 Liberó siete naciones sudamericanas.

3 Ganaron el campeonato de Wimbledon.

4 Nació en Colombia en 1977.

5 Se casó con la actriz Melanie Griffith.

6 Marcó muchos goles para el equipo argentino de fútbol.

7 Representó el papel de Eva Perón en la película *Evita*.

8 Tomó parte en los Juegos Olímpicos de Invierno de 1988 en Canadá.

Preguntas

1 ¿Qué hiciste anoche?

2 ¿Qué compraste cuando fuiste de compras la última vez?

3 ¿A qué hora saliste de casa esta mañana?

4 ¿A qué hora llegaste a casa anoche?

5 ¿Qué deportes jugaste recientemente?

Situaciones

Responde a estas situaciones en español.

1 Some damage occurred after school in your classroom. Your teacher wants each of you, the students in the class, to write a note in which you state what time you left school, where you went, what you did on the way home and what time you arrived. What do you write?

2 You are also asked to explain what one of your friends did as well. What do you write?

3 A friend asks if you saw a particular programme on TV the previous evening. You explain that you played football last night. What does he say? What do you reply?

¿Qué hiciste?

In this unit you will:

- learn how to express what you did using irregular verbs
- discover a way to avoid repetition of a noun, by using pronouns
- learn how to say what the weather was like in the past

Track 42

¿Qué pasó?

Silvia hizo las compras esta mañana en el supermercado, y perdió su monedero. Silvia va a la oficina de objetos perdidos en la comisaría.

Silvia:	Esta mañana hice las compras en el supermercado. Pero perdí mi monedero.
Agente:	Muy bien... vamos a ver... tomamos nota. ¿A qué hora estuviste en el supermercado?
Silvia:	Estuve en el supermercado a eso de las 9.
Agente:	¿Dónde pusiste el monedero?
Silvia:	Estoy segura de que* lo puse en el carrito. No entiendo lo que* pasó. Fui a la sección de pescadería.
Agente:	¿Para qué fuiste a la sección de pescadería?
Silvia:	Para escoger el pescado. Y cuando vine no pude ver el monedero.
Agente:	¿Qué hiciste después?
Silvia:	Hablé con el gerente del supermercado, pero no pudo ayudarme.
Agente:	Tenemos la denuncia. Y luego la llamamos, señorita.

* *Estoy segura **de que** lo puse en el carrito* – I am sure that I put it in the trolley.
* *No entiendo **lo que** pasó* – I don't understand what happened.

In English, 'that' can often be omitted, but its equivalent in Spanish needs to appear in the sentence to avoid confusion.

Gramática

In the dialogue on page 77, you can find some of the most common irregular verbs in the preterite tense. Can you spot them? Which infinitives do they come from?

Here is a list of some common irregular verbs which you need to know.

ir and *ser:*	*fui, fuiste, fue, fuimos, fueron*
estar:	*estuve, estuviste, estuvo, estuvimos, estuvieron*
hacer:	*hice, hiciste, hizo, hicimos, hicieron*
tener:	*tuve, tuviste, tuvo, tuvimos, tuvieron*
poner:	*puse, pusiste, puso, pusimos, pusieron*
poder:	*pude, pudiste, pudo, pudimos, pudieron*
dar:	*di, diste, dio, dimos, dieron*
ver:	*vi, viste, vio, vimos, vieron*
decir:	*dije, dijiste, dijo, dijimos, dijeron*
venir:	*vine, viniste, vino, vinimos, vinieron*
querer:	*quise, quisiste, quiso, quisimos, quisieron*

Do you notice one thing that all these verbs have in common? Unlike the regular verbs in the preterite tense, these do not have written accents, so they follow the regular rules for where the stress falls.

Do you remember the rules for stress/accented syllables?
* Words stressed on the penultimate (second to last) syllable don't require a written accent if they end in *-n, -s,* or vowel (*dijeron, za**pa**tos, **chi**co*).
* Words stressed on the last syllable don't require a written accent if they end in a consonant different from *-n* or *-s* (*espa**ñol***).
* Write an accent when the opposite happens, which means when the word is stressed on the penultimate syllable but it doesn't end in *-n, -s,* or vowel (***ár**bol*), or when the word is stressed on the last syllable but it ends in *-n, -s,* or vowel (*can**ción***).
* An accent must be written always if the word is stressed on the third to last syllable (***mú**sica*).

*Me **di**jeron que el **chi**co fran**cés** **ha**bla espa**ñol** muy bien*
*Ayer no **pu**de ha**cer** mis de**be**res de in**glés***
*El **sá**bado pa**sa**do mi fa**mi**lia y yo **fui**mos a la **pla**ya*

1

Ramón habla con su madre de cómo él pasó el día. Escucha lo que dice y luego ordena los dibujos correctamente.

2

Trabaja con tu pareja. Imagina que perdiste tu calculadora. Tienes que presentarte en la oficina del director y explicarle lo que pasó. Usa algunos verbos de la lista de verbos irregulares en la página 78 para crear tu diálogo.

Track 44

¿Qué tiempo hizo?

Cuando estuve de vacaciones hizo muy mal tiempo. Llovió casi todos los días e hizo viento. Hizo bastante calor, pero no hizo sol. Un día nevó; ese día hizo frío y hubo una tormenta durante la noche.

¡Hombre! ¡Qué mala suerte! Aquí hizo un tiempo fenomenal.

Gramática

Can you find the preterite form of the verb *hay* in the dialogue above? *Hubo* means 'there was' in the preterite tense.

There is one small oddity in the text above. Did you notice it? ...*e hizo viento*. What did you expect it to say? Why might it be different? *Y* changes to *e* when followed by a word beginning with the sound *i*, like the letter *i-*, or letters *hi-*.

Note also the verb *hacer*. Its preterite tense is irregular: *hice, hiciste, hizo, hicimos, hicieron*. Can you see a further irregularity? *Hizo*: the *c* changes to *z* in order to keep the original sound from the infinitive when the ending changes to *-o*.

Actividad · Actividad · Actividad · Actividad

3

**Trabaja con tu pareja.
Pregunta y contesta.**

¿Qué tiempo hizo...
 ...esta mañana?
 ...anoche?
 ...ayer?
 ...anteayer?
 ...el miércoles pasado?
 ...el fin de semana?
 ...la semana pasada?
 ...en febrero?
 ...en Navidad?
 ...durante las vacaciones?

Mis vacaciones

Lee lo que dicen Esteban y Roberto de sus vacaciones, y luego contesta las preguntas.
Después, lee en voz alta lo que dice Esteban.

Esteban: Cuando estuve de vacaciones en Cancún me divertí mucho. Lo mejor fue el primer día porque hice paravelismo en la playa por primera vez en mi vida. Me asusté un poco al despegar, pero la sensación de volar fue fantástica. Quise repetirla al día siguiente, pero mis papás dijeron que no, porque costó muy caro. Quizás en otra ocasión ... (59 palabras)

Roberto: ¡Hombre! ¡Qué suerte! Yo no hice nada. Solo di un paseo en bicicleta.

1 How were Esteban's holidays?
2 What did he do for the first time?
3 How did he feel at first?
4 What was really great?
5 What did he want to do the next day?
6 Why couldn't he?
7 How did Roberto's holiday compare?

VOCABULARIO

el paravelismo	*parasailing*
despegar	*to take off*
asustarse	*to be frightened*

Track 45

¿Dónde está...?

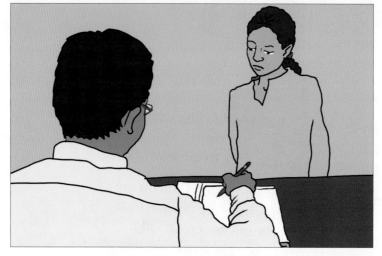

Profesor:	¿Dónde está tu trabajo?
Estudiante:	Lo dejé en casa.
Profesor:	¿Y la tarea de matemáticas?
Estudiante:	La encontré muy difícil.
Profesor:	¿Y los ejercicios de gramática?
Estudiante:	No los hice.
Profesor:	¿Y las preguntas de historia?
Estudiante:	No las contesté.

Gramática

In each of the answers above, the student refers to her homework without actually mentioning the homework by name. Can you see which words she uses? *Lo, la, los* and *las* are the pronouns which replace *tu trabajo, la tarea, los ejercicios* and *las preguntas*. What can you say about the position of pronouns? They go before the verb in these cases.

Can you think when you would use the different forms? It depends on whether the thing you are talking about is masculine, feminine, singular or plural.

*¿Dónde está **tu bolso**? **Lo** dejé en casa.*
*¿Tienes **la bicicleta**? No, **la** tiene mi madre.*
*¿Encontraste difíciles **los deberes**? No, **los** encontré muy fáciles.*
*¿Dónde están **las chicas**? **Las** vi en el cine.*

¡Excusas, excusas! Lee las excusas de los alumnos. Luego contesta las preguntas en la página 84.

VOCABULARIO

olvidar	*to forget*
romperse	*to break*
dejar caer	*to drop*
un charco	*puddle*
dejar	*to leave*
el bolsillo	*pocket*
perder	*to lose*
la computadora	*computer*
funcionar	*to work*
tirar a la basura	*to throw in the bin*

1 Who dropped their homework in a puddle?

2 Who had problems with the computer?

3 Whose homework was washed?

4 Whose dog ate the homework?

5 Whose father threw the homework away?

6 Who forgot their homework on the bus?

7 Whose pen broke?

8 Who lost the homework?

¿Y los deberes?

Inventa algunas excusas. Usa el cuadro.

Por ejemplo: ¿Dónde está tu libro?
Mi perro lo comió en la cocina.

Mi papá	lo	comió	en el garaje
Mi mamá	la	lavó	en casa
Mi perro	los	tiró	en el coche
Mi hermano	las	perdió	en el patio
El gato		dejó	en mi dormitorio
Mi abuela		dejó caer	en la cocina
etc.			en la calle
Yo		perdí	etc.
		olvidé	
		dejé	
		dejé caer	
		etc.	

Sustituye las palabras subrayadas y rellena los espacios con el pronombre correcto. Escribe la frase completa.

Gloria no puede encontrar sus cosas para el colegio así que llama a su mamá.

Gloria: Mamá, ¿viste <u>mi regla</u>?
Mamá: ... vi en la mesa del comedor.
Gloria: Y no veo <u>los libros de ciencia</u>.
Mamá: ... pusiste en la cocina.
Gloria: ¿Y dónde está <u>mi estuche</u>?
Mamá: ... metiste* en tu mochila anoche.   *meter = to put
Gloria: ¿Y <u>las sandalias</u>?
Mamá: ... dejaste en tu dormitorio.
Gloria: Ah, sí. Gracias, Mamá.

Trabaja con tu pareja. Toma turnos para preguntar y contestar, sustituyendo el nombre por el pronombre.

Por ejemplo:

Margarita, ¿hiciste la tarea de español anoche?

No, la hice esta mañana.

1 Ask your partner if he/she bought the Spanish book at the weekend. Your partner replies, without repeating the words 'the Spanish book'.

2 Ask your brother if he ate the chocolates that you left in the fridge. He replies that he didn't eat them: perhaps the dog ate them?

3 Ask if your friend visited his/her grandmother. Your friend replies without repeating the word 'grandmother'.

4 Ask if your friend saw the iguanas in the park. He replies that he didn't see them.

Tu amigo te escribe un correo electrónico y te pregunta cosas sobre lo que hiciste el fin de semana pasado. Responde al correo electrónico y contesta las preguntas. Trata de no repetir las palabras subrayadas en tu respuesta.

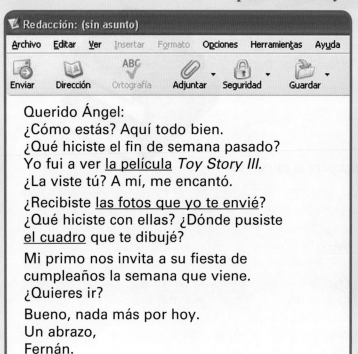

Querido Ángel:
¿Cómo estás? Aquí todo bien.
¿Qué hiciste el fin de semana pasado?
Yo fui a ver la película *Toy Story III*.
¿La viste tú? A mí, me encantó.

¿Recibiste las fotos que yo te envié?
¿Qué hiciste con ellas? ¿Dónde pusiste
el cuadro que te dibujé?

Mi primo nos invita a su fiesta de cumpleaños la semana que viene.
¿Quieres ir?

Bueno, nada más por hoy.
Un abrazo,
Fernán.

VOCABULARIO	
enviar	*to send*
el cuadro	*picture*
dibujar	*to draw*
nada más por hoy	*nothing more for today*
un abrazo	*a hug (a typical expression to close a letter to a friend)*

Track 46

Un viaje muy difícil

Javier llega tarde al colegio y le cuenta al profesor lo que pasó.

Javier: Siento llegar tarde, señor Jiménez.
Profesor: ¿Qué pasó, Javier?
Javier: Bueno salí de casa como siempre a
            las siete y media. Y tomé el autobús
            como todos los días.
            Pero empezó a llover muy fuerte.
            Una señora, en la calle con su perro,
            trató de abrir el paraguas...
            ...cuando dejó caer la cuerda...
            ...y así su perro se escapó y corrió
            delante del autobús...
            Entonces el autobús se paró muy de
            repente y el chófer del camión de atrás
            no lo vio, así que chocó con el autobús.
            Y un carro atropelló a un ciclista...
            ...que se cayó de su bicicleta. Y se hirió.
            Luego llamaron a los servicios médicos...
            ...y la ambulancia llegó rápidamente.
            Pero hubo una hora de retraso a causa
            del tráfico y el accidente.

VOCABULARIO

contar (o→ue)	to tell
sentir (e→ie)	to be sorry
pasar	to happen
como siempre	as usual
fuerte	strong, hard
tratar de	to try to
la cuerda	lead, rope
entonces, luego	then
pararse	to stop
de repente	suddenly
el chófer	driver
el camión	truck
así que	so
chocar con	to run into
atropellar	to knock down
caerse	to fall
herirse (e→ie)	to hurt oneself
el retraso	delay

Javier le cuenta a la policía lo que le pasó el día del accidente, pero los detalles están confusos. Ordena las frases para corregir la historia.

a   Hubo mucho tráfico y una hora de retraso.

b   La ambulancia llegó rápidamente.

c   El perro se escapó.

d   Empezó a llover.

e   El carro atropelló al ciclista.

f   La señora dejó caer la cuerda.

g   El ciclista se cayó de su bicicleta.

h   El autobús se paró.

i   La señora trató de abrir su paraguas.

j   El ciclista se hirió.

k   El camionero no lo vio.

l   Corrió delante del autobús.

m   Llamaron a los servicios médicos.

Prepara unas frases para describir lo que pasó en los siguientes dibujos.

1 ¿Qué tiempo hizo ayer?
2 Cuenta la historia de algo que te pasó recientemente.

Responde a estas situaciones en español. You have just been on a school trip.

1 Tell your parents where you and your school friends went.
2 Tell them one thing you all ate.
3 Tell them one thing you all did.
4 Tell them one place you all visited.
5 Tell them something you all bought.

Nota Cultural

When you consider what you did on your holidays, imagine this as an activity – cycling down the most dangerous road in the world – the Yungas road in Bolivia! You descend 15,000 feet over 40 miles, with sheer drops and the road being only 3 metres wide in places, but it attracts some 25,000 cyclists a year, who love the adrenalin-filled excitement of riding down through some spectacular scenery. Not for the faint-hearted!

Prueba 2 Unidades 5–7

Tracks 47 and 48

1 Escucha a Carlos describiendo sus vacaciones. Luego contesta las preguntas.

    1 When did Carlos go away?
    2 Where did he go?
    3 Who did he go with?
    4 How did he travel?
    5 Name two things he says about the journey.
    6 What did they do in London?
    7 What part of Spain did they visit?
    8 Name one thing they did there.
    9 What was Carlos able to do in the restaurants and bars?
   10 Was he successful?

2 Escucha la historia de un viaje difícil. Luego contesta las preguntas. Antes de escuchar, lee bien las preguntas.

    1 ¿A qué hora salió de casa?
    2 ¿A dónde fue?
    3 ¿Por qué tuvo que esperar?
    4 ¿Qué tiempo hizo?
    5 ¿A qué hora dejó de esperar?
    6 ¿Cómo fue al colegio?
    7 ¿Cuándo vino el autobús?
    8 ¿A qué hora llegó al colegio?

B

1 Cuenta a tu pareja, o a tu profesor, cinco cosas que hiciste en el pasado. Usa las expresiones de tiempo para decir cuándo las hiciste, como *ayer*, *la semana pasada*, *anoche*, etc.

Por ejemplo: Fui al cine con mis amigos el sábado pasado para ver una película romántica.

C

1 Lee el correo electrónico donde Mariluz cuenta a sus padres lo que le pasó en un viaje que hizo. Luego contesta las preguntas.

Hola Mamá y Papá:

Llegué a casa de Fernando a las ocho anoche. ¡Qué viaje! En el aeropuerto fui a chequear el equipaje pero tuve que esperar veinte minutos en la fila.

Pasé por el control de pasaportes y seguridad, y fui de compras a las tiendas libres de impuestos en el aeropuerto. Compré un bolso muy bonito de color rojo.

Anunciaron el vuelo y fui a la puerta pero no pude encontrar la tarjeta de embarque. La dejé en la tienda. Volví y la señora me la dio. Así que corrí a la puerta y llegué justo a tiempo.

Me gustó el vuelo. Vi una película de Disney muy divertida. Me dieron pollo con arroz y legumbres y un postre de pastel de chocolate.

Llegamos a la hora exacta. Recogí la maleta y fui a encontrar a Fernando. Tardamos media hora en el taxi, pero vi mucho de la ciudad en el camino.

Saludos a todos.
Un abrazo,
Mariluz

1 What happened when Mariluz went to check in her luggage?
2 Where did she go after passport control?
3 What did she do there?
4 What happened at the departure gate?
5 How did she resolve the problem?
6 Why did she enjoy the flight so much?
7 What did she eat?
8 What did she do on the way to Fernando's house?

2 Escoge la forma correcta de los verbos entre paréntesis.

Hola Lupe:

¿Qué tal? Yo (**1** estoy/están/estuvo) bien. Anoche (**2** salgo/sale/salí)
con mis amigos. (**3** Voy/Fue/Fuimos) al cine para ver la última película
de Julia Roberts. Me (**4** gustan/gustamos/gustó) mucho.
(**5** Hacen/Hice/Hizo) mucho frío y (**6** llueven/llovió/llover).
Entonces yo (**7** vuelve/volví/volvió) a casa rápidamente. Pero hoy
(**8** hace/hacen/hicieron) sol, ¡mucho mejor!

Contéstame pronto.
Un saludo,
Ricardo

3 Ordena las siguientes frases para hacer una historia lógica de un
viaje en avión.
a Entregué la tarjeta de inmigración.
b Nos llamaron a la puerta de embarque.
c Llegué al aeropuerto.
d Subí al avión.
e Pero llegó a tiempo.
f Recogí la maleta.
g Facturé el equipaje.
h El avión salió con 5 minutos de retraso.
i Pasé por la aduana y el control de pasaportes.
j Visité las tiendas libres de impuestos en el área de salidas.

4 Julia es la novia de Manuel. Hablan por Internet. Lee la conversación.
Luego contesta las preguntas de la página siguiente.

– Hola. ¿Qué tal?
– Bien, Manuel. ¿Y tú?
– Más o menos. ¿A dónde fuiste después del colegio ayer?
– Fui a casa de Sara.
– ¿A qué hora fuiste?
– A las cuatro.

> – ¿Y a qué hora regresaste a casa?
> – A las ocho y media.
> – ¿Fuiste directamente a tu casa?
> – ¿Por qué?
> – ¿No fuiste a la cafetería con Alejandro anoche?
> – Sí, me lo pasé muy bien.

1 What is Manuel asking?
2 What did Julia do first?
3 At what time did she leave?
4 Where did she go, and with whom?

D

1 Cambia el verbo entre paréntesis ( ) por la forma correcta del pretérito.

  1 Carlos y sus padres (ir) a Europa.
  2 Él (viajar) en avión.
  3 Ellos (visitar) Londres.
  4 Él (ver) muchos monumentos.
  5 En España nosotros (pasar) unos días en la costa.
  6 Ella (bañarse) en el mar.
  7 Yo (hablar) español.
  8 Los españoles me (entender).
  9 ¿Tú (ir) de vacaciones?
 10 ¿(Ver) tú la torre Eiffel?

2 Imagina que eres Lupe. Contesta la carta de Ricardo en la Actividad 2 de la sección C, en la página 92. Escribe cinco frases para decir lo que hiciste ayer, y qué tiempo hizo.

3 Inventa una historia simple de un viaje en el pasado. Usa el pretérito solamente para describir acciones terminadas. Escribe unas 10 frases.

De compras en el mercado

In this unit you will:

- practise high numbers
- deal in different weights and currencies from Spanish-American countries and Spain
- learn how to buy food in different situations

En el mercado

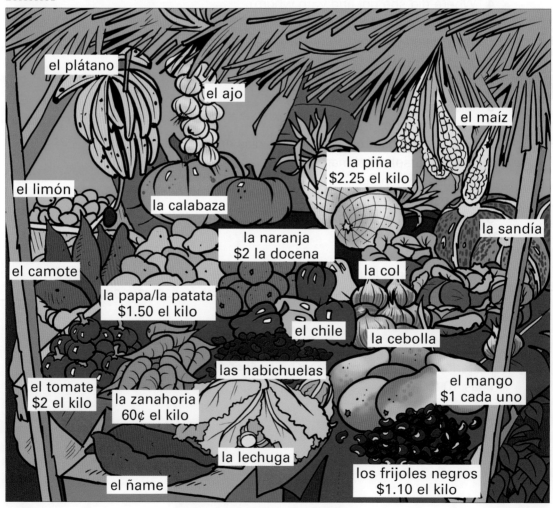

el plátano

el ajo

el maíz

el limón

la piña
$2.25 el kilo

la calabaza

la sandía

la naranja
$2 la docena

el camote

la col

la papa/la patata
$1.50 el kilo

el chile

la cebolla

las habichuelas

el tomate
$2 el kilo

la zanahoria
60¢ el kilo

el mango
$1 cada uno

la lechuga

el ñame

los frijoles negros
$1.10 el kilo

Nota Cultural

The names for fruits and vegetables sometimes change from country to country in the Spanish-speaking world. In Venezuela, for example, 'banana' is *el cambur*, while *el plátano* means 'plantain'. The words introduced in this unit are those most commonly used.

Track 49

Vendedor:	¿Quién es el próximo?
Cliente:	Soy yo.
Vendedor:	¿Qué desea?
Cliente:	Una docena de naranjas, por favor.
Vendedor:	Aquí tiene. ¿Algo más?
Cliente:	¿A cuánto están los tomates?
Vendedor:	A $2 el kilo
Cliente:	Deme medio kilo, por favor.
Vendedor:	¿Es todo?
Cliente:	Sí. ¿Cuánto es? Ah... no, no... A ver... ¿Cómo están los aguacates? ¿Están maduros?
Vendedor:	Están para comer hoy o mañana.
Cliente:	Muy bien. Deme dos.
Vendedor:	¿Algo más?
Cliente:	No, nada más, gracias. ¿Cuánto le debo?
Vendedor:	Son $5.
Cliente:	Aquí tiene.
Vendedor:	Gracias. Adiós.

VOCABULARIO

el próximo	*the next (one)*
desear	*to wish, want*
la docena	*dozen*
el aguacate	*avocado*
maduro/a	*mature, ripe*
deber	*to owe*

Actividad 1

Track 50

Escucha. ¿Qué quieren los clientes? ¿Cuál es el precio de lo que compran?

Trabaja con tu pareja. Toma turnos.
Uno es el vendedor y el otro el cliente.
Pregunta y contesta los precios de la
fruta y las legumbres.

Mira la lista de compras y escribe lo
que no tienen o no hay en el mercado:
Por ejemplo:
No tienen/no hay plátanos

2 kilos de papas
1/2 kilo de plátanos
1 col
1/2 kilo de cebollas
1 ajo
1 kilo de manzanas
1/2 kilo de zanahorias
1 piña

Imagina que haces las compras para tu mamá.
Ella quiere hacer una ensalada de lechuga y
tomate, y una ensalada de frutas. Escribe la
lista de compras para las dos cosas.

una caja de cereales

una botella de aceite de un litro

una barra de pan

jamón $2 los 100 gramos

una docena de huevos

una lata de salchichas

una barra de mantequilla

un litro de leche en cartón

un litro de jugo en cartón

un frasco de mermelada

un paquete de café

una caja de té

queso $3 los 100 gramos

un kilo de azúcar

un kilo de harina

un paquete de galletas

una botella de vino

una bolsa de papas fritas

una botella de cola

Nota Cultural

Chile, Argentina and Spain are famous wine-producing countries, and wine is commonly drunk there with meals. White wine is called *vino blanco*, and red wine is *vino tinto*.

¿En qué puedo servirle?

Track 51

Dependiente:	Buenos días. ¿En qué puedo servirle?
Cliente:	¿Tiene jugo de manzana?
Dependiente:	Sí. ¿En botella o en cartón?
Cliente:	En cartón, por favor. ¿Y café?
Dependiente:	¿En paquete o en bolsa?
Cliente:	En paquete, por favor. ¿Tiene cereales?
Dependiente:	Sí, ¿cuáles prefiere?
Cliente:	Aquella caja, las hojuelas de maíz, por favor. Y una coca-cola, por favor.
Dependiente:	¿La botella grande o pequeña?
Cliente:	Esta botella grande, por favor.
Dependiente:	¿Es todo?
Cliente:	No, deme una docena de huevos por favor.
Dependiente:	¿Estos huevos, o esos más pequeños?
Cliente:	Estos, los más grandes.

 Track 52

 Actividad 5

Escucha. ¿Cuánto quieren? Copia el cuadro y escribe la cantidad de cada cosa que piden los clientes.

	jugo	café	galletas	salchichas	huevos	aceite	vino	pan	mermelada
1									
2									
3									
4									
5									

 Actividad 6

Trabaja con tu pareja. Imagina que vas a organizar una merienda. Prepara un diálogo en que discuten lo que necesitan.

 Actividad 7

Imagina que fuiste con tus compañeros a comprar las cosas para la merienda. Describe la visita a la tienda.

Gramática

Did you notice in the dialogue on page 98 how the words *este, ese* and *aquel* are used? They accompany the noun to indicate how near or far it is in relation to the speaker. For example: *¿Qué cereal prefiere?* (Which cereal would you like?). *Ese cereal* (That cereal).

The demonstratives can also stand in for the noun. For example: *¿Quiere estos huevos?* (Do you want these eggs?). *No, quiero aquellos* (No, I want those ones over there). Look at the chart below:

Los demostrativos

Cerca	Media distancia	Lejos
(aquí)	(ahí)	(allí/allá)
este/esta	ese/esa	aquel/aquella
estos/estas	esos/esas	aquellos/aquellas

Gramática

When we want to compare things, we use the words *más* or *menos*, plus an adjective, plus *que*: *Estas lechugas están **más/menos** frescas **que** aquellas.* The adjective must agree with the pronoun in the comparative structure.

Pronoun	Verb		Adjective		
este/a, ese/a, aquel/a	es/está	**más**	amarillo/a/os/as corto/a/os/as fresco/a/os/as largo/a/os/as		este/a, ese/a, aquel/a
estos/as, esos/as, aquellos/as	son/están	**menos**	maduro/a/os/as pequeño/a/os/as rojo/a/os/as barato/a/os/as caro/a/os/as grande/s verde/s	**que**	estos/as, esos/as, aquellos/as

Be careful when choosing whether to use *ser* or *estar. Ser* is normally used for permanent states, and *estar* for temporary states or position.

Also, there are some irregular comparatives:

bueno = mejor   *Viejo* (old) *= mayor*

malo = peor   *pequeño* (young) *= menor*

Más and *menos* are also used to describe the extremes or superlatives. For example: *los más frescos, las menos grandes, quiero los más pequeños.*

VOCABULARIO	
fresco/a	fresh
largo/a	long
barato/a	cheap
caro/a	expensive

The suffix *-ísimo/a* indicates an extreme of the quality described. For example: *buenísimo* (excellent), *riquísimo* (delicious).

¿Cuáles quiere?

Cliente: Un kilo de manzanas, por favor.
Vendedor: Sí. ¿Cuáles quiere? Estas son más grandes, esas están más maduras, y aquellas son más rojas.
Cliente: Prefiero aquellas, las rojas. Y una lechuga.
Vendedor: Sí, ¿cuál?
Cliente: Esta lechuga es más grande, pero prefiero esa. Está más fresca.

Track 54

Escucha a los clientes. ¿Qué quieren? ¿Cuáles piden? ¿Por qué? Contesta en inglés.

Trabaja con tu pareja. Imagina que estás en la tienda. Inventa un diálogo: uno es el cliente, y el otro el dependiente. Compara los productos.

¿Qué prefieren estas personas en las siguientes situaciones? ¿a o b?

1 Deme aquellas.

2 Prefiero esta.

3 Uno de aquellos por favor.

4 Me gustan estos.

5 Deme esos.

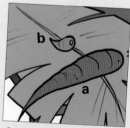

6 Esta, por favor.

Ahora escribe una razón para justificar por qué el cliente quiere este, ese o aquel en las situaciones de la Actividad 10.

Por ejemplo:
Quiero estos. Son más pequeños.

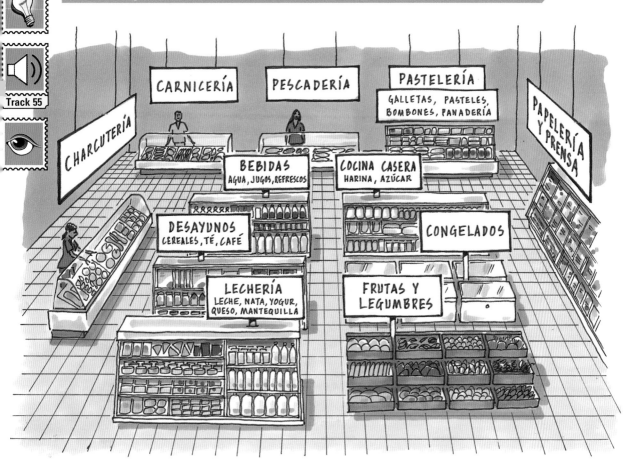

CHARCUTERÍA

CARNICERÍA

PESCADERÍA

PASTELERÍA
GALLETAS, PASTELES, BOMBONES, PANADERÍA

PAPELERÍA Y PRENSA

BEBIDAS
AGUA, JUGOS, REFRESCOS

COCINA CASERA
HARINA, AZÚCAR

DESAYUNOS
CEREALES, TÉ, CAFÉ

CONGELADOS

LECHERÍA
LECHE, NATA, YOGUR, QUESO, MANTEQUILLA

FRUTAS Y LEGUMBRES

Mamá: Bueno, empezamos con las frutas y legumbres. Necesitamos más fruta en casa, ¿no?

Jaime: Sí, papá comió la última naranja anoche.

Mamá: Y para cenar, ¿qué quieres? ¿Pescado?

Jaime: No, Mamá, por favor, cenamos pescado el otro día. ¿Por qué no compramos pollo, y tú puedes hacer pollo frito? A mí me encanta.

Mamá: Bueno, vamos a ver. Vete a buscar queso, yogures y leche.

Jaime: ¿En qué sección están?

Mamá:	Mira, la sección de lechería. Y mira los helados. Necesitamos helado de vainilla en casa.
Jaime:	¿Dónde se encuentran los helados?
Mamá:	En la sección de congelados. Nos vemos en la sección de carnicería, dentro de diez minutos.
Jaime:	Vale, hasta luego, Mamá.

Ahora Jaime y su mamá están delante de la carnicería.

Jaime:	Mira, Mamá, escogí este helado de chocolate. Está en oferta. Es una ganga.
Mamá:	Muy bien.
Jaime:	¿Tomaste un número?
Mamá:	Sí, tenemos el 89.
Dependiente:	Ochenta y nueve.
Mamá:	Sí, nos toca. A ver, 500 gramos de pollo, por favor.
Dependiente:	Aquí tiene.
Mamá:	¿Qué vale?
Dependiente:	Son $6.57, señora. ¿Algo más?
Mamá:	Sí, deme 750 gramos de carne molida.
Dependiente:	Muy bien. ¿Es todo?
Mamá:	Sí, gracias. Es todo.

VOCABULARIO

último/a	last
la vainilla	vanilla
los congelados	frozen goods
verse	to see each other
dentro de	in, within
vale	okay
en oferta	on offer
una ganga	bargain
tocarle a uno	to be someone's turn
la carne molida (also la carne picada)	minced meat

Escucha las preguntas de los clientes. ¿En qué sección se encuentra lo que buscan?

Gramática

Have you been following the page numbers in this book? They will help you with revision of numbers.

Do you remember what happens when we want to express a three-figure number in Spanish? For example: *trescientas personas*, *cuatrocientos gramos*. The ending of the number expressing the hundreds changes according to what it is describing.

Note how to say 365: *trescientos sesenta y cinco*. The *y* goes between the tens and units, not between the hundreds and tens as in English.

For thousands, we simply state how many thousands. For example:
2007   dos mil siete
1996   mil novecientos noventa y seis
And for millions: *un millón, dos millones*, etc.

HONDURAS el lempira

CUBA el peso cubano

LA REPÚBLICA DOMINICANA el peso

MÉXICO el peso

PUERTO RICO el dólar estadounidense

GUATEMALA el quetzal

EL SALVADOR el colón

NICARAGUA la córdoba

COSTA RICA el colón costarricense

VENEZUELA el bolívar

PANAMÁ el balboa

ESPAÑA el euro

COLOMBIA el peso colombiano

ECUADOR el dólar americano

PERÚ el nuevo sol

PARAGUAY el guaraní

BOLIVIA el boliviano

URUGUAY el peso uruguayo

CHILE el peso chileno

ARGENTINA el peso argentino

Nota Cultural

On 1st January 2002, many European countries members of the European Union, adopted a common currency called the euro. Spain was one of these countries. The *peseta*, the former currency, was abandoned, and all exchanges now take place using the euro. Having a common currency is a great benefit for those who wish to travel or trade with other countries who have the same currency. But some people think that the cultural identity of a nation is in danger if there is a common currency. What do you think? Certain Caribbean countries share the Eastern Caribbean dollar. Would this be a good idea for the Latin-American nations?

Estudia el mapa de las monedas en la página 104. Luego lee el siguiente texto que también habla de la moneda y escoge la respuesta correcta a las preguntas en la página 106. Lee en voz alta el último párrafo.

Si viajas por el mundo hispano, necesitas cambiar el dinero de un país a otro. Por ejemplo, en Cuba se usa el peso cubano, y en Perú, el nuevo sol. Pero en muchos países se acepta el dólar americano.

Si quieres cambiar dinero, puedes hacerlo en un banco, un hotel o en una casa de cambio. Hay que buscar el letrero que dice *Cambio*. Hay que preguntar el tipo de cambio, y si cobran comisiones.

Cada sistema monetario es diferente. En Colombia, por ejemplo, la unidad monetaria es el peso colombiano. Hay monedas de 50, 100, 200 y 500 pesos, y billetes de 1.000, 2.000, 5.000, 10.000, 20.000 y 50.000 pesos. El tipo de cambio es 3.000 pesos a US$1 (octubre 2017). En Bogotá, la capital de Colombia, un menú del día cuesta 12.000 pesos más o menos, es decir unos US$4. (65 palabras).

octubre 2017

VOCABULARIO

el cambio	*exchange*
el tipo de cambio	*exchange rate*
cobrar	*to charge*
la moneda	*coin*
el billete	*note*
el menú del día	*menu of the day*

1 La moneda de Nicaragua es...
a ...el colón.
b ...la balboa.
c ...la córdoba.
d ...el bolívar.

2 ¿En cuál de estos países no se usa el peso?
a Cuba
b México
c Argentina
d Perú

3 El guaraní es la moneda de...
a ...Paraguay.
b ...Ecuador.
c ...Bolivia.
d ...Cuba.

4 En Colombia tres mil pesos equivalen a...
a ...US$10.
b ...US$1.
c ...US$100.
d ...US$1.000.

5 En Colombia hay monedas de...
a ...mil pesos.
b ...quince pesos.
c ...cinco pesos.
d ...quinientos pesos.

6 En Colombia hay billetes de...
a ...cien mil pesos.
b ...quinientos mil pesos.
c ...cincuenta mil pesos.
d ...cincuenta pesos.

Actividad 14

Investiga el sistema monetario de un país hispano. Escribe una breve descripción, 3–5 frases, de este, o bien, del sistema monetario de tu país, o los dos.

Preguntas

1 ¿Qué compraste la última vez que fuiste al supermercado?
2 ¿Qué ingredientes se necesitan para hacer un pastel?
3 ¿Cuál es tu comida favorita?
4 ¿Qué te gusta beber?
5 ¿Prefieres ir de compras al mercado o al supermercado? ¿Por qué?

Situaciones

Responde a estas situaciones en español.

1 You are staying with a Spanish-speaking family at their home and offer to do the shopping. They ask you to buy things for next day's breakfast. What do you say at the *Tienda de comestibles*?
2 In the market you see some lovely carrots and would like to find out the cost per pound. What do you ask? What is the reply?
3 In the *frutería* you are buying some oranges. The *frutero* gives you some which are small and, frankly, past their best. Tell him you prefer the fresher, larger ones at the back. What is his response?

Lee lo siguiente y contesta las preguntas.

El mes pasado vino a visitarnos mi amigo mexicano. Cuando llegó, solo tenía* divisas mexicanas, y quiso cambiar dinero, así que fuimos al banco. Aquel día el tipo de cambio fue muy malo. Había** problemas con la economía y la política de México. Además cobraron mucha comisión. Perdió bastante dinero. ¡Qué mala suerte!

1 What did the friend want to do?

2 Where did they go to do this?

3 What was the problem?

4 Why was this? (2 reasons)

5 What else caused him to lose money?

6 How did the writer react?

*tenía = he had
**había = there were

¿Estás a la moda?

In this unit you will:

- talk about clothes
- learn how to shop for shoes and clothes
- discover how to express what you like, or not, and why
- practise what to do if you want to return your purchases
- learn how to describe how things used to be

Track 57

En el escaparate

ULTRA MODAS - ROPA PARA JÓVENES

el vestido — la camisa — los jeans — los tenis/los zapatos deportivos — la falda — la chaqueta — los pantalones — la camiseta — la blusa — el traje de baño — los zapatos — las gafas/los lentes de sol — los calcetines — las sandalias

Marcos y Ana van a hacer un viaje escolar a México y conversan sobre lo que van a llevar en el viaje mientras miran la ropa en el escaparate de la tienda de modas.

Marcos:	¿Tienes todo lo que necesitas para el viaje escolar a México?
Ana:	No, tengo que comprar varias cosas. Necesito un traje de baño. ¿Te gusta este?
Marcos:	No, no me gusta el color. Prefiero el azul claro. Y además es muy caro.
Ana:	¿Qué te parece aquella camiseta?
Marcos:	Es bastante bonita, pero me gustan más esos pantalones.
Ana:	Y mira estas sandalias. ¿No son preciosas? Son muy elegantes. ¿Qué piensas?
Marcos:	No parecen muy cómodas.
Ana:	¿Qué te parecen aquellos tenis?
Marcos:	Me encantan, son muy modernos. Y son muy prácticos también.
Ana:	¡Y cuánto me gusta aquel vestido de color rosado! ¡Y es súper barato!
Marcos:	¿Necesitamos gafas de sol?
Ana:	No lo sé. Quizás. Depende del tiempo.

Adjectives are used to describe things, for example: *el vestido moderno, la camiseta práctica, la blusa elegante*. Each adjective must agree with the noun it describes, and this sometimes means the ending must change. Remember that you can also use words like...

bastante	quite	demasiado	too much
muy	very	un poco	a little, a bit

...to help you describe clothing:

Es bastante barato. Es un poco ajustado. Es demasiado grande.

These words do not change when used to qualify adjectives.

Track 58

Actividad 1

Los jóvenes hablan de la ropa que les gusta y explican por qué les gusta o no. ¿De qué hablan? ¿Les gusta o no? ¿Por qué? Rellena el cuadro.

Por ejemplo:

	¿De qué hablan?	¿Les gusta o no?	¿Por qué?
1	los tenis	Sí	Son cómodos.

 elegante

 cómodo/a

 práctico/a

 caro/a

 barato/a

 grande

 pequeño/a

 ajustado/a

 bonito/a, precioso/a

 moderno/a

 oscuro/a

 claro/a

 apretado/a

 feo/a

 extravagante

Por ejemplo:

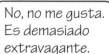

Trabaja con tu pareja. Toma turnos para decir si te gusta, o no, la ropa siguiente, y por qué.

¿Te gusta esta blusa?

No, no me gusta. Es demasiado extravagante.

a

b

c

d

e

f

g

Busca una foto tuya en tu ropa favorita, o haz un dibujo. Describe lo que llevas y por qué te gusta.

En el desfile de modas

Presentadora: Amanda lleva una chaqueta amarilla con cierre y mangas cortas, y una falda larga.
Claudia lleva un abrigo corto de cuero, con mangas largas, y un vestido azul de algodón.
Manolo lleva una sudadera y unos pantalones anchos de cuadros.
Felipe lleva unos pantalones ajustados y una camisa de rayas, con una corbata azul que combina con su pantalón.

VOCABULARIO

el desfile de modas	fashion parade
con cierre (*also* cremallera)	with a zip
con mangas cortas/largas	with short/long sleeves
un abrigo	coat
de cuero/algodón/lana/lino	made of leather/cotton/wool/linen
de rayas/de cuadros	striped/checked
una sudadera	sweatshirt
una corbata	tie
combinar	to match, go with

Actividad **4**

Trabaja con otros miembros de la clase. Monta un desfile de modas. Algunos son los modelos y otros son los presentadores. Toma turnos.

David lleva...

¿Qué talla?¿Qué número?

Track 60

Laura:	Me gusta aquella blusa estampada. ¿Puedo probármela?
Dependienta:	Sí, claro. ¿Qué talla quiere?
Laura:	Un 40 por favor.
Josefa:	Y a mí me gustan las sandalias. Quisiera probármelas.
Dependienta:	Muy bien. ¿Qué número es usted?
Josefa:	38 por favor.
Dependienta:	¿Qué tal le queda la blusa?
Laura:	Me gusta mucho. Me la llevo.
Dependienta:	¿Y las sandalias?
Josefa:	Me quedan pequeñas. ¿Las tiene en 39?
Josefa:	Quisiera probarme esta chaqueta azul en 36.
Dependienta:	Muy bien... ¿Qué tal le queda?
Josefa:	Pues me queda pequeña.
Laura:	¿Puedo probarme estas botas en 37?
Dependienta:	Sí, aquí tiene... ¿Qué tal le quedan?
Laura:	Pues me quedan perfectas. Me las llevo. ¿Cuánto es?
Laura:	Me gustaría probarme este suéter. ¿Lo tiene en 42?
Dependienta:	No, tenemos talla 44. A ver...
Laura:	No. Me queda grande. Lo dejo.
Josefa:	Quisiera probarme aquellos pantalones marrones.
Dependienta:	Sí, ¿cuál es su talla?
Josefa:	Soy talla 38.
Dependienta:	Aquí tiene... ¿Qué tal le quedan?
Josefa:	Me quedan muy bien. Me los llevo.

VOCABULARIO

estampado/a	*printed*
probarse	*to try (something) on*

¿Cuál es su talla?	What size (clothes) are you?
Llevo la/soy talla...	I take a size...
¿Cuánto calza?/¿Qué número es usted?	What size (shoes) do you take?
Quisiera probármelo/la/los/las	I'd like to try it/them on
¿Qué tal le queda(n)?	How is it/are they?
Me queda(n) mal/bien	It is/They are no good/fine on me
largo/a/os/as	It is/They are too long for me
corto/a/os/as	It is/They are too short for me
Me lo/la/los/las llevo.	I'll take it/them
Lo/La/Los/Las dejo, lo siento.	I'll leave it/them, I'm sorry

Trabaja con tu pareja. Toma turnos. Imagina que estás en la tienda de modas o la zapatería. Uno es el cliente y el otro el dependiente. Inventa una conversación según las siguientes instrucciones.

In the clothes shop/En la tienda de modas:

1 Greet each other.

2 Customer chooses a garment in a particular style and asks to try it on.

3 Assistant asks about size.

4 Customer replies.

5 Assistant asks about fit.

6 Customer replies it's too big. Asks for next size down.

7 This one is perfect, customer will take it. Asks price.

8 Assistant replies.

9 Bid farewell to each other.

In the shoe shop/En la zapatería:

1 Greet each other.

2 Customer ask for particular type of footwear and colour.

3 Assistant asks size.

4 Customer replies.

5 Assistant asks about fit.

6 Customer replies they are too small. Asks for next size up.

7 These are fine, customer will take them. Asks price.

8 Assistant replies.

9 Bid farewell to each other.

Cuando era más joven

Track 61

A mí me encanta la moda, y me gusta comprar ropa nueva, pero cuando era más joven mi mamá me compraba la ropa, y no me gustaba nada.

Yo tenía mucha ropa práctica, pero mi mamà siempre me compraba ropa muy grande, porque ella decía que yo iba a crecer. ¡Qué vergüenza tenía!

Cuando era un poco mayor a menudo salía de casa los fines de semana y tenía que ponerme la ropa que mi mamá quería. Pero luego, normalmente, iba a casa de una amiga y me cambiaba de ropa. Me ponía mi prenda favorita que era una falda de color rosa. A mi mamá no la gustaba esa falda. Decía que era demasiado corta. Yo, al contrario, creía que me quedaba muy bien.

VOCABULARIO

la moda	*fashion*	puesto	*(put) on*
la ropa	*clothes*	corto	*short*
la prenda	*garment*	al contrario	*on the other hand*
la falda	*skirt*		
la vergüenza	*shame, embarrassment*	ir bien a uno	*to suit someone*

Gramática

In the passage, we see the use of the **imperfect tense** in context:
*cuando **era** joven, mi mamá me **compraba**, **tenía** mucha ropa práctica, **iba** a crecer.*

As usual, the verb tense is formed by taking the ending off the infinitive and adding endings according to which group of verbs it belongs to. Have a look below:

	-ar verbs	*-er and -ir verbs*
yo	*compraba*	*tenía*
tú	*comprabas*	*tenías*
él/ella/usted	*compraba*	*tenía*
nosotros/as	*comprabamos*	*teníamos*
ellos/ellas/ustedes	*compraban*	*tenían*

There are only **three** irregular verbs in the imperfect preterite: *ser, ir* and *ver*.

	ser	*ir*	*ver*
yo	*era*	*iba*	*veía*
tú	*eras*	*ibas*	*veías*
él/ella/usted	*era*	*iba*	*veía*
nosotros/as	*éramos*	*íbamos*	*veíamos*
ellos/ellas/ustedes	*eran*	*iban*	*veían*

Gramática

We use the **imperfect** tense to talk about what things were like in the past, what used to happen, habits or routines in the past, things we did repeatedly. For example:

mi mamá me compraba la ropa (my mother used to buy me clothes)
no me gustaba (I didn't like it – over a period of time)
iba a casa de una amiga y me cambiaba la ropa (I used to go to my friend's house and change my clothes).

Contesta las preguntas.

1. ¿Quién te compraba la ropa cuando eras pequeño?
2. ¿Qué tienda te gustaba más?
3. ¿Cuál era tu prenda favorita?
4. ¿Había una prenda que no te gustaba?

Nota Cultural

The world's largest clothing retailer is Spanish. Inditex is the parent company of the clothing store Zara, which has 2,100 branches worldwide. It is based in Arteixo, in Galicia, in north-west Spain. One of its main claims is its ability to get clothes from the fashion shows made and in the shops in two weeks, compared to other retailers who take up to six months. The owner of the company is among the richest people in the world.

Tienes un catálogo de una casa de ventas de internet. Estudia las páginas del catálogo. Luego contesta las preguntas.

A Colores: *azul claro, blanco, azul marino y verde*
Talla: 36/38, 40/42/ 44/46
Precio: $8
Con manga larga, los mismos colores y tallas $10

B Colores: *rojo, azul marino y de rayas blancas y azules*
Talla: 34/36, 38/40, 42/44
Precio: $10 – 40 cm de largo
$15 – 60 cm de largo

C Colores: *negro, azul marino y rojo*
Talla: 38/40, 42/44, 46/48
Precio: $20

D Colores: *negro y azul*
Talla: 36/38, 40/42, 44/46
Precio: $20

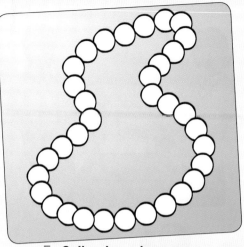

E **Collar de perlas negras o blancas**
Precio: $12

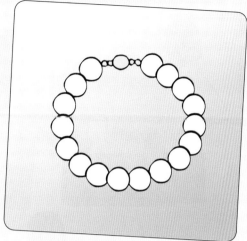

F **Pulsera de perlas negras o blancas**
Precio: $8

E + F **Conjunto collar y pulsera**
Precio: $16

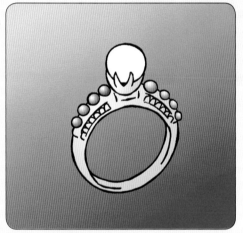

G **Anillo con perla**
Precio: $7

VOCABULARIO

el collar	*necklace*
la pulsera	*bracelet*
el anillo	*ring*

1 You want a short-sleeved T-shirt and a longer skirt. How much will each cost?

2 You'd like a long-sleeved T-shirt and a necklace. How much will each cost?

3 Black is the only colour you wear. What can you buy?

4 You have $40 to spend and need to buy at least two garments, or more. What would you buy and what colours would you choose?

Track 62

En el departamento de atención al cliente

Cliente 1:	Mire, compré esta falda la semana pasada, y cuando me la puse el cierre se rompió.
Dependienta:	Lo siento señora. ¿Quiere cambiarla?
Cliente 1:	Sí.
Dependienta:	Pero no la tenemos en este mismo color. ¿Quiere cambiarla por otro color?
Cliente 1:	No, prefiero el mismo color. Me gustaría un reembolso.
Cliente 2:	Mire, compré esta blusa ayer para mi hija, pero no le gusta.
Dependienta:	¿Tiene el recibo?
Cliente 2:	Sí, aquí tiene.
Dependienta:	¿Quiere cambiarla?
Cliente 2:	No, quiero un reembolso por favor.
Cliente 3:	Mire, mi tía me compró estos pantalones hace unos días, pero no me gustan. No me quedan bien.
Dependienta:	¿Tiene el recibo?
Cliente 3:	No, no lo tengo.
Dependienta:	¿Desea cambiarlos? ¿O prefiere una nota de crédito?
Cliente 3:	Deme una nota de crédito.

VOCABULARIO

el departamento de atención al cliente	customer service department
un reembolso	refund
el recibo	receipt
quedar bien a uno	to suit someone
una nota de crédito	credit note

Escucha. Los clientes ya no quieren las compras. ¿Por qué no las quieren? Escoge la razón apropiada.

Estela fue de compras pero no está contenta con lo que compró. Escribió esta carta al gerente de la tienda. Lee la carta. Luego contesta las preguntas.

VOCABULARIO

el gerente	manager
un conjunto	outfit
la boda	wedding
un sombrero	hat
de tacón alto	high-heeled
una mancha	stain
un botón	button
incluir	to include
atentamente	yours faithfully
Estimado/a...	Dear...(in a letter)
Atentamente	Yours faithfully (in a letter)

Estimado señor:

El otro día, jueves, 3 de marzo, fui de compras a su tienda. Compré un conjunto para llevar a la boda de una amiga mía el mes que viene.

Compré un vestido azul de algodón, con una chaqueta del mismo tono y un sombrero muy elegante. Además compré unos zapatos azules de tacón alto. Me quedó perfecto todo.

Esta mañana cuando me puse la ropa que compré fue un desastre. El vestido tiene una mancha y le falta un botón a la chaqueta. Se cayeron las flores del sombrero y se rompió el tacón de uno de los zapatos. Es la primera vez que los uso. Es increíble.

Quiero un reembolso total y este fin de semana voy de compras a otra tienda. Incluyo una copia del recibo.
Atentamente
Estela Ruiz.

1 What did Estela do on 3rd March?

2 What was the reason for her actions?

3 What was the dress like?

4 How did the jacket complement the dress?

5 Describe the hat.

6 Describe the shoes.

7 When did she try on the outfit again?

8 List three things that are wrong.

9 What is she asking the manager for?

10 What is she including with the letter?

11 What is she planning to do this weekend?

¡Diviértete! Descubre cómo lo que llevas revela tu personalidad. Primero, contesta las siguientes preguntas.

1 ¿Qué color prefieres?

a El azul.

b El rojo.

c El blanco.

d El negro.

2 ¿Cuántas veces al día te cambias de ropa?

a No me cambio. Llevo la misma ropa todo el día.

b Una vez.

c Dos veces.

d Tres veces o más.

3 ¿Compras ropa de marca especial?

a Siempre.

b Nunca.

c Si hay varias posibilidades normalmente compro ropa de marca.

d Si hay varias posibilidades normalmente no compro ropa de marca.

4 Tu familia o tus amigos: ¿quién te ayuda a escoger la ropa nueva?

a Mi familia.

b Mis amigos.

c Nadie me ayuda. Yo decido.

d Necesito la ayuda de cualquier persona.

5 ¿Cuál es tu opinión del uniforme escolar?

a Me gusta llevar uniforme. Me da un sentido de identidad, de pertenecer a un grupo en que somos todos iguales.

b Es práctico pero no me gusta mucho.

c No me gusta nada. Es aburrido y nos quita el individualismo.

d Me gustaría un uniforme más a la moda, más moderno.

6 ¿Qué te impresiona más?

a Una persona vestida con traje muy formal.

b Una persona vestida a la última moda.

c Una persona vestida de manera individual pero con cierto estilo.

d Una persona vestida con cualquier ropa.

Ahora suma los resultados.

1 a 1	b 4	c 2	d 3
2 a 1	b 2	c 3	d 4
3 a 4	b 1	c 3	d 2
4 a 2	b 3	c 4	d 1
5 a 1	b 2	c 4	d 3
6 a 1	b 3	c 4	d 2

¿Qué nos dicen los resultados?

20–24 puntos
Tienes un estilo muy individual. Te importa mucho lo que llevas y lo que piensan los demás. Quieres impresionar a todo el mundo.

16–19 puntos
Quieres dar una buena impresión con lo que llevas y lo consigues a menudo. Te interesa la ropa.

11–15 puntos
Quizás te falta confianza con la ropa. Parece que no tienes ideas fijas pero quieres aprender más.

6–10 puntos
La ropa no te preocupa nada. Eres una persona muy relajada, con un estilo libre.

Lee la siguiente conversación entre Rafael y sus padres. Luego contesta las preguntas.

Rafael: Hola mamá, ¿qué tal?

Mamá: Hola cariño. Yo bien, ¿y tú? ¿Quieres algo?

Rafael: Sí, mamá. Necesito un nuevo móvil.

Mamá: Pero ¿por qué? El tuyo funciona bien.

Rafael: No mamá. Es viejo ya. La pantalla es tan pequeña... Además es lento y feo también. Y no hay memoria suficiente para guardar mensajes ni fotos.

Papá: Yo no tenía móvil hasta hace diez años.

Rafael: Sí papá, pero no había móviles cuando eras joven.

Papá: Y era mejor. Yo no perdía tiempo mirando la pantalla a toda hora. Solía salir a reunirme con los amigos cara a cara.

Rafael: Bueno, ahora los jóvenes tenemos otra manera de reunirnos. Estaba mirando en Todomóvil, esa tienda en el centro comercial. Tienen descuentos esta semana en el último modelo de un móvil muy popular. Es una ganga.

Mamá: Bueno, podemos ir a verlo....

Rafael: Gracias mamá.

Papá: ¡Humf!

1 Does Rafael want a brand new mobile phone, or a second-hand one?

2 Give four reasons why he wants another phone.

3 When did his father get a mobile phone?

4 What does the father consider to have been better in his youth?

5 Why does Rafael want to buy the phone this week?

El estilo de las estrellas latinas

A Shakira, colombiana, le encanta el 'look' étnico, algo gitano, con pulseras y collares.

A Christina Aguilera, neoyorquina de origen ecuatoriano, le gustan mucho las blusas de encaje, las camisetas de colores y los pantalones brillantes y ajustados.

A Jennifer López, neoyorquina de origen puertorriqueño, le encanta el estilo de Versace, con tacones muy altos; el 'look' elegante ¡y caro!

Situaciones

Responde a estas situaciones en español.

1 The school launches a competition to design a new uniform. Describe to a classmate what your ideal school uniform would look like.
2 You are shopping with a Spanish-speaking friend who tries on a pair of trousers which are obviously too tight and the wrong colour. Diplomatically suggest that he/she tries a different pair.
3 Your pen pal's mother asks you to return a dress she bought the week before. She doesn't like the colour. Explain and ask for a refund.
4 You call your mother from a store. You describe a T-shirt you would like to buy and tell her why you like it. She asks how much it is. You answer, but she says it is too expensive.

Preguntas

1 ¿Cuál es tu prenda (*item of clothing*) favorita?
2 ¿Qué colores te favorecen más?
3 ¿Qué opinas del uniforme escolar?
4 ¿Compras ropa de marca? ¿Por qué (no)?
5 ¿Qué te pones los fines de semana?

En el centro comercial

In this unit you will:

- find your way around a department store
- learn the meaning of different signs you may encounter
- get ideas for buying souvenirs and presents for family and friends
- consider the pros and cons of shopping in different places

Track 64

La guía de departamentos

6º	Cafetería, Casa de Cambio, Departamento de Atención al Cliente, Aseos, Peluquería
5º	Electrodomésticos, Artículos para el Hogar y el Jardín
4º	Juguetes, Artículos de Viaje, Deportes, Agencia de Viajes
3º	Ropa Juvenil, Ropa Infantil
2º	Ropa para Caballeros
1º	Ropa para Damas
PB	Libros, Discos, Regalos, Joyería, Perfumería
S	Supermercado

Belén y Pablo van de compras a los grandes almacenes.

Pablo: ¿Qué quieres comprar?

Belén: Pues, una blusa para mi mamá, porque es su cumpleaños, y un *disco compacto* para mí. ¿Y tú?

Pablo: Yo quiero unos tenis nuevos y mi madre me mandó a comprar una nueva olla.

Belén: A ver... empezamos aquí en la planta baja en la sección de discos. Subimos por la escalera mecánica a la sección de ropa para damas en el primer piso. Luego, al segundo piso para los tenis, y después al quinto para la olla.

Pablo: Muy bien. Y luego a la sexta planta para tomar algo en la cafetería. ¿Qué te parece?

Belén: Me parece muy bien. Vamos.

VOCABULARIO

el piso, la planta	*floor*
la escalera mecánica	*escalator*
la olla	*saucepan*

Gramática

The ordinal numbers (1st, 2nd, etc.) are easy to recognise in Spanish. Some are used in the dialogue on page 124. Can you spot them?

They are adjectives, therefore they have to agree with the noun they describe.

El segundo piso (the second floor – masculine, singular)
La quinta planta (the fifth floor – feminine, singular)

1st: primero	2nd: segundo	3rd: tercero	4th: cuarto	5th: quinto
6th: sexto	7th: séptimo	8th: octavo	9th: novena	10th: décimo

Notice that *primero* and *tercero* shorten before a masculine singular noun:
el primer piso, el tercer día.

Another word that shortens before masculine singular nouns is **uno**: **Un** *día especial*
The word **ciento** shortens before a plural noun (masculine or feminine):
Cien libr**os**, **cien** casas

And the word **grande** shortens before a singular masculine or feminine noun:
Un gran colegi**o**, **Una gran** profesor**a**

Can you see what *PB* stands for? *Planta Baja* or 'ground floor'.
And *S? Sótano* or 'basement'.

¿Dónde se venden…?

Track 65

Raúl quiere comprar unos recuerdos de sus vacaciones para regalar a la familia, así que va a los grandes almacenes.

*un monedero = *purse*
**una muñeca = *doll*

Para mi papá un sombrero… ¿Dónde venden sombreros?
Y para mi mamá un monedero* de cuero… ¿Dónde compro monederos?
Ah, allí hay una tienda que dice SE VENDEN SOMBREROS Y ARTÍCULOS DE CUERO. Voy a preguntar.
A mi hermana le gustan las muñecas,** creo que vi una juguetería en el segundo piso. Voy a subir..
Ahí está…SE VENDEN JUGUETES A MITAD DE PRECIO…
Y para los abuelos… cerámica de la región… Creo que veo una tienda de artesanía por allá. SE VENDEN TODO TIPO DE ARTESANÍAS TÍPICAS.
Listo. Y para mí, un chocolate, porque ya no tengo más dinero.

Nota Cultural

The convenience of shopping in a department store is well recognised. In Chile *Falabella* is the most famous department store. It was founded by Salvatore Falabella, an Italian-Chilean immigrant, in 1889. It was originally a tailor's shop but today has become the largest retail outlet in South America. Now it has branches in Argentina, Peru and Colombia. Some of the celebrities who have appeared in ads for *Falabella* are Kate Moss, Gisele Bündchen and Ricky Martin.

Gramática

Did you notice the grammatical construction in the signs of the shops?
Se venden sombreros.
It is an impersonal expression formed with what is called the impersonal *se* in Spanish plus the third person singular or plural.
Se vende limonada bien fría (very cold lemonade is sold)
Se reparan teléfonos celulares (cell phones are repaired)

Also, do you remember the expression *¿Cómo se dice ... en español?*
Here we also use the impersonal *se*.

Aquí se habla inglés

 **Aquí se cambia dinero**

Aquí se vende artesanía regional

 Se prohibe fumar

No se permite entrar por aquí

 Se cierra a las 6

Or you can simply use *¿Se puede...?*, 'May I...?', for example, if you want to ask if you can sit next to someone or help yourself to something.
¿Se puede escribir el examen con lápiz? (Is it possible to write the exam in pencil?)

Actividad **1**

Track 66

Estudia la guía de departamentos en la página 124 y escucha. ¿A qué piso hay que ir para encontrar los artículos?

Trabaja con tu pareja. Toma turnos. Uno es el cliente y el otro el dependiente. Pregunta dónde se venden los siguientes artículos, y contesta con referencia a la guía de departamentos en la página 124.

los zapatos para caballero

los bolsos

los vestidos juveniles

los libros

unos pendientes

las sillas para el jardín

las pelotas de fútbol

Los grandes almacenes

A continuación hay otros letreros que se ven en los grandes almacenes.

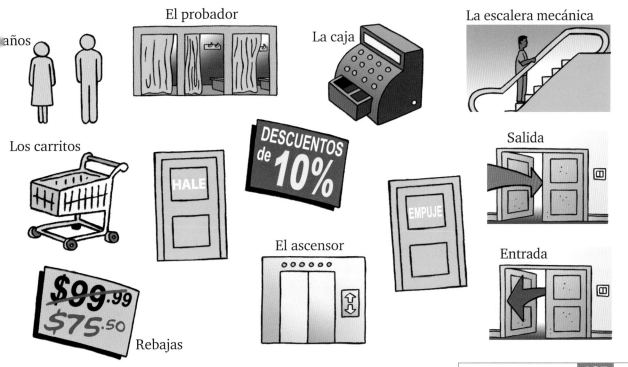

El probador

La caja

La escalera mecánica

años

Los carritos

DESCUENTOS de 10%

HALE

EMPUJE

Salida

Entrada

El ascensor

$99.99
$75.50
Rebajas

Estudia el plano de la 4ª planta. Indica si las siguientes afirmaciones son verdaderas o falsas.

Plano de la cuarta planta

los juguetes para bebés

los deportes

los ascensores

los baños

los probadores

los artículos de viaje

los bolsos

los juguetes para niños

la agencia de viajes

1 Los baños están al lado de la escalera mecánica.

2 La sección de deportes está enfrente de la escalera mecánica.

3 La sección de bolsos está cerca de los juguetes para bebés.

4 La agencia de viajes está entre bolsos y juguetes para niños.

5 Los artículos de viaje están cerca de los ascensores.

6 Los probadores están entre los juguetes para bebés y para niños.

Corrige las frases falsas de la Actividad 3. Hay tres.

Escribe un letrero para cada dibujo usando la construcción 'se impersonal'.

Por ejemplo: ¿los abanicos?
SE VENDEN ABANICOS

3. ¿los sombreros?

2. ¿las camisetas?

1. ¿las muñecas?

5. ¿la cerámica?

4. ¿las guitarras?

Estudia los anuncios. Luego contesta las preguntas.

Hay venta

Gran rebaja

Algo para cada quien
Abierto de 10 a 10
excepto los domingos

Cómprate dos jeans y te regalamos una camiseta

En la sección de deportes, lleva dos artículos iguales por el precio de uno

Precios mínimos en muchas secciones
Del 6 de enero al 31 de enero

1 What special event is being advertised?
Name three words that indicate this.

2 When will it happen?

3 Where can you find 50% off?

4 What promotions are there for sports people?

5 What might persuade you to buy two pairs of jeans?

6 When can you shop?

Descuentos de hasta 50% en muchos artículos en la sección de ropa para jóvenes

Track 67

En los probadores

Cliente:	Me gusta la falda que está en el escaparate.
Dependienta:	¿Quiere verla?
Cliente:	Sí.
Dependienta:	¿En qué color la quiere?
Cliente:	En azul claro, por favor.
Dependienta:	¿Quiere probársela?
Cliente:	Sí, por favor.

Gramática

We first met object pronouns in Unit 7. Here are some more examples.
Did you hear *¿Quiere ver**la**?*

The *la* here refers to something which is singular and feminine.
It refers to *la falda*.

Had we been talking about, for example, *el abrigo* or *los calcetines*, or
las sandalias, the word would have been different:
*Quisiera ver**lo*** (el abrigo)
*Me gustaría ver**los*** (los calcetines)
*¿Puedo ver**las**?* (las sandalias)

You will see that object pronouns normally precede a conjugated verb,
but are placed on the end of an infinitive.

*¿En qué color **la** quiere?* but *¿Quiere ver**la**? Voy a comprar**la*** (although
you may sometimes see ***La** voy a comprar*).

Note what happens when there is more than one pronoun on the end
of the infinitive: *¿Quiere probár**sela**?*
A written accent is needed to ensure that stress is retained on the
syllable on which it originally occurred.

Track 68

Actividad 7

Escucha a los jóvenes y escoge la letra apropiada que indica lo que quieren ver.

Actividad 8

Practica los pronombres con tu pareja. Toma turnos. Uno es el cliente y el otro el dependiente.

Por ejemplo:

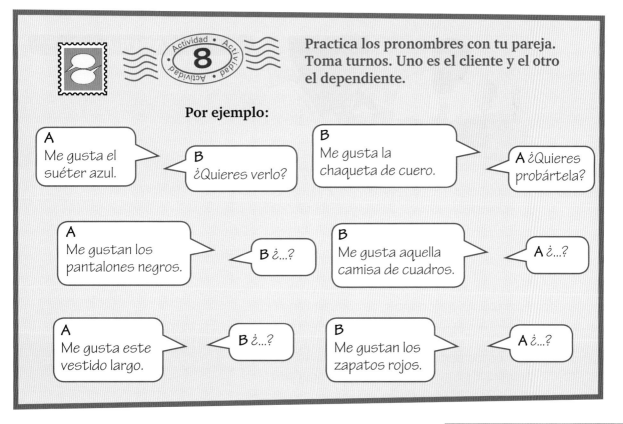

A: Me gusta el suéter azul.
B: ¿Quieres verlo?

B: Me gusta la chaqueta de cuero.
A: ¿Quieres probártela?

A: Me gustan los pantalones negros.
B: ¿...?

B: Me gusta aquella camisa de cuadros.
A: ¿...?

A: Me gusta este vestido largo.
B: ¿...?

B: Me gustan los zapatos rojos.
A: ¿...?

Track 69

En el centro comercial

Ahora mucha gente va al centro comercial para hacer las compras.
Ahí hay de todo.
Estudia el plano de este centro comercial.

En las afueras de muchas grandes ciudades hay centros comerciales donde puedes encontrar todo lo que quieres en un solo sitio. Puedes hacer las compras, comer y luego ir al cine o a las salas de juegos para divertirte.
Hasta hay un spa en algunos centros comerciales donde puedes relajarte.
Fácil, ¿no? Hay ventajas para todos, ¿no?

En el Colegio Santo Tomás hicieron una encuesta sobre las preferencias de los jóvenes a la hora de hacer las compras. Escucha a estos entrevistados.

Federico: Me llamo Federico. Yo prefiero ir de compras a un centro comercial. Ahí hay de todo y a precios interesantes. Además está abierto todo el día. Incluso los domingos las tiendas están abiertas.

Gloria: Yo soy Gloria. No estoy de acuerdo con Federico. Es mejor hacer las compras en una tienda pequeña porque la experiencia es más personal, la calidad es mejor, y los productos son diferentes. Además, así tú ayudas al pequeño comerciante, y no a las grandes empresas multinacionales.

VOCABULARIO

las afueras	outskirts
un sitio	place
descansar	to rest
divertirse	to enjoy oneself
relajarse	to relax
la ventaja	advantage
una encuesta	survey
el entrevistado	interviewee
incluso	even
estar de acuerdo	to agree
mejor	better
la calidad	quality
así	like this, in this way
el comerciante	trader, businessperson
la empresa	business, company

¿Qué opinan los entrevistados?
Escoge la alternativa correcta.

1 Federico prefiere ir...
   a ...al centro comercial.
   b ...al mercado.
   c ...a las pequeñas tiendas.

2 Prefiere ir allí porque...
   a ...es más barato.
   b ...hay mejor calidad.
   c ...el servicio es menos personal.

3 Otra razón es que...
   a ...está cerrado los domingos.
   b ...tiene un horario mejor.
   c ...es más personal.

4 Gloria prefiere ir...
   a ...al mercado.
   b ...al centro comercial.
   c ...a las pequeñas tiendas.

5 Ella prefiere ir ahí porque...
   a ...es más personal.
   b ...es más caro.
   c ...es más impersonal.

6 Y a Gloria no le gustan...
   a ...los pequeños comerciantes.
   b ...las grandes empresas.
   c ...los entrevistados.

Estudia los resultados de la siguiente encuesta.
Los alumnos contestaron estas preguntas. Aquí
hay algunas de sus respuestas.

1 ¿Cuáles son las ventajas para ti de hacer las compras en un mercado?
   a Es más barato.
   b Los productos están más frescos.

2 ¿Y en una tienda pequeña?
   a La calidad es mejor.
   b Hay más originalidad que en las tiendas más grandes.

3 ¿Te gustan los supermercados? Da ventajas y desventajas de hacer las compras en un supermercado.
   a Hay muchas posibilidades de selección.
   b Es más barato.
   c Se puede estacionar fácilmente.
   d El horario es más flexible.
   e No es tan personal.

4 ¿Y cuáles son las ventajas y desventajas de los grandes almacenes o centros comerciales?

a Es muy práctico.

b Se puede hacer las compras el domingo.

c Hay un ambiente muy comercial y animado.

d Los dependientes tienen que trabajar el domingo y a veces no les gusta, o no quieren trabajar todos los días de la semana.

e No hay muchos artículos originales.

Ahora contesta las preguntas.

1 Why do the students interviewed prefer to shop at a market? Give two reasons.

2 Where can you find the most original items?

3 Where can you find a wide choice of cheap goods?

4 Apart from choice and price, what are the other advantages of shopping in this place?

5 What are the disadvantages of Sunday shopping, according to the students interviewed?

Actividad · Actividad · Actividad · Actividad **11**

Escribe un párrafo en el que explicas dónde tú prefieres hacer las compras, y por qué.

Preguntas

1 ¿Te gusta hacer las compras?

2 ¿Tu madre te compra ropa? ¿Qué ropa?

3 ¿Prefieres comprar en las tiendas o de un catálogo?

4 ¿Cuál es tu tienda preferida? ¿Por qué?

Situaciones

Responde a estas situaciones en español.

1 It is the last day of your visit to your Spanish-speaking friend. You need to do some last-minute present shopping, to buy some things to take back to your family. You leave a note for your friend's mother saying that you are going to the shopping centre and why. What do you write?

2 You have an unsuccessful shopping trip. When you return, you email a friend telling him/her why you might prefer to shop at a market or in small shops. What do you write?

¡Que aproveche!

In this unit you will:

- choose which restaurant to eat at and book a table
- learn about different dishes
- find out how to order food and drink
- discover how to invite others to have something to eat or drink
- learn how to pay the bill
- learn how to sort out problems in the restaurant

Track 70

Comiendo en casa

Ayer en la escuela los amigos de Roberto le invitaron a comer en casa con ellos hoy.

Mamá:	Marcos, Roberto, Martín, la comida está lista. A la mesa por favor. Roberto, tenemos pollo con arroz. ¿Te gusta?
Roberto:	Sí, me gusta mucho. Es mi plato favorito. Lo comimos ayer en el colegio.
Mamá:	Toma, ¿te gustan las zanahorias?
Roberto:	Sí, mucho. ¡Qué hambre tengo!
Mamá:	¿Quieres más?
Roberto:	No, está bien por el momento, gracias.
Mamá:	¿Agua?
Roberto:	Sí, gracias.
Mamá:	Pásame tu vaso. ¿Quieres sal?
Roberto:	No, gracias. Está muy rico el pollo.
Marcos:	¿Hay más, Mamá? Está muy bueno el pollo.
Mamá:	Sí, claro.
Martín:	¡Cuánto comes, Marcos!
Mamá:	¡No seas necio, Martín! Pásame tu plato, Marcos. ¿Roberto?
Roberto:	No, gracias, señora. ¡Qué delicioso está todo!
Mamá:	Gracias, Roberto. Y ahora, ¿quién va a fregar los platos?
Marcos:	Yo los fregué* ayer. Le toca a Martín.

VOCABULARIO

la comida	lunch
el pollo	chicken
el arroz	rice
rico/a	delicious
necio/a	naughty

Gramática

*Do you remember the spelling changes that occur with some verbs in the preterite tense? The verb *fregar* needs -u- to be placed after the *g* of the stem when followed by an -e (gue) so the sound remains the same. *Llegar* follows the same pattern: 'I arrived' is *llegué*.

The same applies to verbs such as *sacar* and *tocar*. In order to keep the sound of the infinitive, the spelling changes to *saqué* and *toqué*.

Contesta las preguntas con referencia al diálogo en la página 135.

1. Why is Roberto staying for lunch?
2. What words does he use to show he is enjoying his meal?
3. What does he drink with the meal?
4. Why does Martín comment about his brother's appetite?
5. Whose turn is it to do the washing up?
6. Why is it not Marcos' turn?

Trabaja solo o con tu pareja. ¿Qué se dice en las siguientes situaciones?

Actividad 3

Clara entrevista a su amigo español sobre cómo y cuándo se come en España. Lee la descripción de las costumbres españolas, luego decide en qué orden ella hizo las preguntas.

a ¿A qué hora almuerzas?

b ¿Qué cenas y cuándo?

c ¿A qué hora desayunas?

d ¿Qué haces por la tarde?

e ¿Cuál es la comida principal del día?

f ¿Qué desayunas?

En España desayunamos un café con leche y tostadas sobre las ocho de la mañana. El almuerzo es la comida principal del día. Comemos a eso de las dos, con toda la familia. Por la tarde salimos y tomamos unas tapas en los bares y cafeterías. Sobre las diez volvemos a casa para cenar una sopa o unos huevos.

Nota Cultural

Meals in the Spanish-speaking world

Hispanic eating habits are quite unlike those in some Anglophone countries. Not only does the food itself differ somewhat, but the meals are eaten at different times. There are three main meals: *el desayuno, la comida o el almuerzo* and *la cena*. Breakfast, which is eaten between 7 a.m. and 9 a.m., is a very simple meal, frugal by most Anglo standards: *café con leche* or *chocolate* with a plain or sweet roll or toast, or *arepas* (a corn pancake filled with a savoury filling); that is all. The *café con leche* is heated milk with strong coffee to add flavour and colour.

The main meal of the day, la *comida o el almuerzo*, is frequently eaten as late as 3 p.m., and it is a much heartier meal than the average Caribbean lunch. It might consist of soup, a meat or fish dish with vegetables and potatoes or rice, a green salad, and then dessert (often fruit or cheese). Coffee is usually served after the meal.

The evening meal, *la cena*, is somewhat lighter than the noon meal. It is rarely eaten before 8 p.m. It is customary to eat a light snack, or *merienda*, between 4.30 p.m. and 6 p.m. The *merienda* might consist of a sandwich or other snack with *jugo, café con leche* or *chocolate*. Similarly, a snack is often eaten in the morning between breakfast and lunch.

Actividad 4

Describe las costumbres de tu país en cuanto a la comida, o investiga otros países hispanos. ¿Qué hay de interés? Haz una breve descripción.

¿A dónde vamos a comer?

Varios restaurantes ponen anuncios en una página especial del periódico.

Restaurante Clemente
Especialidad en carnes
a la barbacoa
Calidad y precio
Con aire acondicionado
Cerrado el lunes por
descanso del personal
Calle Montaña, 37
Tfno. 877 43 10 05

Restaurante El Mar Azul
Pescado fresco todos los días
Pruebe nuestras langostas caribeñas
Paseo Marítimo, 102
Tfno. 877 68 13 12

Restaurante
Gran Muralla
Comida china
Ambiente familiar
Abierto hasta
las doce
Calle Real, 88
Tfno. 877 46 13 20

Restaurante Mariachi
Comida mexicana
Tacos y nachos a su gusto
Pruebe nuestro guacamole
Cerrado el martes
Calle Colón, 64
Tfno. 877 56 29 10

Track 71

La familia Vargas va a salir a cenar para celebrar el cumpleaños del hijo mayor.
Miran la guía de los restaurantes y deciden dónde prefieren cenar.

Alejandro: Papá, yo quiero ir al Restaurante Clemente. Fuimos ahí el mes pasado. La comida estaba muy rica. Me apetece un bistec. Y además, es **mi** cumpleaños.

Mamá: No me provoca la carne. A mí, me encanta la comida mexicana. ¿Por qué no vamos al Restaurante Mariachi?

Cristián: ¡Huy no! Yo prefiero comer pescado esta noche. Me gustan mucho los camarones en el Restaurante El Mar Azul. Papá, ¿qué quieres?

Papá: Me apetece la comida china. Me gusta más que el pescado.

Alejandro: Esperen todos. Es **mi** cumpleaños. Yo quiero ir al Restaurante Clemente.

Mamá: Bueno. Vamos a Clemente.

VOCABULARIO

un bistec	steak
los camarones	shrimps
apetecer	
(also provocar)	to appeal

 Lee el diálogo de la página anterior. Luego contesta las preguntas.

1 What is the occasion for the family to go out to eat?

2 Why does Alejandro want to go to Restaurante Clemente? Give three reasons.

3 Why does their mother want to go to the Mexican restaurant?

4 What does Cristián want to eat?

5 Where would their father prefer to go?

6 Who gets to decide and why?

Gramática

Many of the phrases we use to express what we like or don't like are impersonal expressions such as *me gusta* or *me encanta*. They change according to whether the thing that pleases us is singular or plural. *Me gusta la carne. Me encanta**n** los mariscos.*

Me gusta	el pescado
Me encanta	la carne
Me apetece	la comida vegetariana
Me gustan	las hamburguesas
Me encantan	los espaguetis
Me apetecen	los huevos

Similarly, these expressions can be used to describe what other people like or dislike.

Te gusta/encanta/apetece	la ensalada
Le gusta	
Nos gusta	
Les gusta	
Te gustan/encantan/apetecen	las zanahorias
Le gustan	
Nos gustan	
Les gustan	

To make these expressions negative, simply add *no* before the pronoun: *No les gustan las gambas. No me apetece la ensalada.*

 Track 72

Estudia los anuncios en la página 138. Escucha a las personas que hablan de sus preferencias. ¿Qué restaurante recomiendas? ¿Por qué?

Trabaja con tu pareja. Explica lo que te gusta comer o no, y lo que les gusta comer o no a otros miembros de tu familia. Da razones.

Diseña un anuncio para un restaurante como los de la página 138.

Cómo cambian las costumbres alimenticias

Track 73

Cuando mis abuelos eran más jóvenes comían una dieta muy diferente a la dieta de hoy. No sabían lo que era la pizza, ni los espaguetis. En familia preparaban comida de la temporada y de la región. No se importaba tanto la comida del extranjero; solo se comía lo que se cultivaba cerca.

Yo creo que era una dieta muy sana porque todos los productos eran muy frescos y naturales. No había alimentos transgénicos, ni comida importada del otro lado del mundo. No había una selección tan grande como la que tenemos hoy, pero se comía bien. Mi abuela me dice que cada día de la semana sabían lo que iba a haber. Si era lunes, había guisado, el viernes, pescado, el domingo un asado. Siempre lo mismo cada semana.

Aparte de lo que se comía, había diferencias en cómo se comía. La familia se reunía más para comer. No comían frente al televisor (no había televisión), sino en la mesa de la cocina, juntos, y charlaban y reían. Yo creo que era más sociable.

VOCABULARIO

la estación/temporada	*season*
el extranjero	*abroad*
la selección	*choice*
el guisado	*stew*
el asado	*roast (usually meat)*
los alimentos transgénicos	*genetically modified food*
junto	*together*
cultivar	*to grow*
reír	*to laugh*

 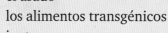 

Contesta las preguntas.

1 What is in today's diet that the writer's grandparents didn't know?

2 Where did their food come from?

3 Why was the diet so healthy?

4 What sort of variety was there in their diet?

5 Where did they tend to eat their meals?

6 What was mealtime like?

Los tíos de Javier hablan de cómo era la vida cuando eran jóvenes. Escucha lo que dicen y escribe en inglés seis diferencias entre la vida de entonces y la de hoy.

Cuando éramos pequeños no teníamos tanto dinero en la familia. No teníamos carro. Yo, por ejemplo, iba a pie al colegio, y tardaba una hora en ir, estaba bastante lejos el colegio. Comíamos bien, y lo suficiente, pero poco, comparado con lo que se come hoy. No había helado ni chocolate. Y nuestra madre preparaba toda la comida en casa, no había comida ya preparada.

¿Cuáles son los cambios más importantes en tu vida de ahora y cuando eras más joven? Trabaja con tu compañero de clase. Toma turnos para preguntar y contestar las preguntas siguientes.

1 ¿Cómo ibas al colegio cuando tenías ocho años?

2 ¿Qué hacías después de la escuela a los diez años?

3 ¿A qué jugabas en casa cuando eras joven?

4 ¿Cuál era tu comida favorita a los seis años?

5 ¿Quién era tu profesor favorito en la escuela primaria?

6 ¿Quién era la persona que menos te gustaba cuando eras joven?

7 Hay otras diferencias entre la vida de hoy y la de tu juventud? ¿Cuáles son?

Track 75

Quisiera reservar una mesa

Mesero:	Restaurante Terraza, ¿en qué puedo servirle?
Señora:	Buenos días. Quisiera reservar una mesa.
Mesero:	¿Para cuándo?
Señora:	Para mañana. A eso de las ocho de la noche.
Mesero:	Muy bien. ¿Para cuántas personas?
Señora:	Somos cuatro. ¿Tiene una mesa cerca de una ventana?
Mesero:	Sí, cómo no. O tenemos en la terraza si quiere.
Señora:	No, gracias. Hace frío por la noche. Preferimos comer adentro.
Mesero:	Muy bien. Una mesa para cuatro, a las ocho de la noche, mañana, 12 de mayo, cerca de una ventana. ¿Y de parte de quién?
Señora:	Lourdes Vargas.
Mesero:	Vargas. V–A–R–G–A–S.
Señora:	Eso es.
Mesero:	Bueno. Hasta mañana, señora.
Señora:	Hasta mañana. Adiós.

VOCABULARIO

¿en qué puedo servirle?	how can I help you?
a eso de	at about
adentro	inside
de parte de	on behalf of

Track 76

Imagina que eres el recepcionista.
Escucha y toma nota de la
reservación del cliente.

Unas expresiones útiles para reservar
una mesa. Empareja las expresiones
con su traducción correcta.

1 ¿Hay una mesa libre?

2 Quisiera reservar una mesa.

3 Para el lunes.

4 Para seis personas.

5 Sobre las nueve.

6 De parte de/En nombre de...

7 ¿Tiene una mesa en la terraza?

8 ¿Tiene una mesa lejos de la puerta?

9 ¿Tiene una mesa cerca de la ventana?

a At about 9.

b Do you have a table on the balcony?

c I would like to reserve a table.

d Do you have a table away from the door?

e Is there a table free?

f For 6 people.

g In the name of...

h For Monday.

i Do you have a table near the window?

Trabaja con tu pareja. Uno es el cliente y el
otro es el recepcionista. Inventa un diálogo
en que reservas una mesa.

Track 77

¿Qué van a tomar?

— El menú —

Entradas, pastas, sopas y verduras

Cóctel de mariscos
Entremeses variados
Sopa de maíz
Sopa de verduras
Ensalada de la casa
Macarrones

— ** —

Pescados y mariscos

Pescado frito
Langostinos
Pescado a la marinera
Parrillada de pescado
Camarones
Langosta

Carnes y aves

Bistec
Pollo asado
Pollo frito
Costillas de cerdo
Parrillada de carne

El pescado y la carne con papas
fritas o puré de papas y ensalada o
legumbres.

— ** —

Postres

Flan
Piña con nata
Tarta de manzana
Pastel de chocolate
Tarta helada
Helados variados
Fruta de temporada

Mesero:	Buenas noches. A sus órdenes.
Cliente 1:	Buenas noches, señor. Tenemos una mesa reservada.
Mesero:	Sí. ¿A nombre de quién?
Cliente 1:	De Vargas.
Mesero:	Ah sí. Son cuatro, ¿verdad? Vengan conmigo... Aquí tienen la mesa. Les traigo la carta.
Mesero:	¿Qué quieren para beber?
Cliente 1:	Dos coca-colas, un agua mineral y un jugo de tomate.
Mesero:	Muy bien. Vuelvo en seguida.
Mesero:	¿Qué van a comer?
Cliente 1:	¿Qué recomienda?
Mesero:	Bueno, el pescado está muy fresco, y el bistec está excelente.
Cliente 1:	De primer plato voy a tomar ensalada, y pescado de segundo.
Mesero:	Muy bien.
Cliente 2:	Y yo quiero sopa de verduras y pescado.
Cliente 3:	Y para mí, un cóctel de mariscos y pollo frito.
Cliente 4:	Y para mí, entremeses y costillas.

Cliente 1:	Me pasas la sal, por favor.
Cliente 4:	Oiga, mesero. ¿Tiene pan, por favor?
Cliente 2:	La sopa está fría.
Cliente 3:	Y me falta un tenedor.
Cliente 4:	Mire, este vaso está sucio.
Cliente 3:	Yo pedí pollo frito y me trajo* pollo asado.
Cliente 4:	Estas costillas no están bien cocidas.
Mesero:	Lo siento, señores. En seguida vuelvo.

Mesero:	¿Y de postre?
Cliente 1:	De postre, un flan, fruta de temporada y dos helados, por favor.
Mesero:	¿Quieren café?
Cliente 1:	Sí, un café negro y un café con leche, por favor.
Cliente 2:	Y la cuenta.
Cliente 1:	¿El servicio está incluido?
Cliente 3:	Mire, hay un error en la cuenta. Solo tomamos un jugo, no dos.
Mesero:	Sí, señores. Tienen razón. Lo siento mucho. Discúlpenme.

Gramática

*trajo is the third person singular, preterite tense, of the verb traer (to bring). It is irregular in the preterite (traje, trajiste, trajo, trajimos, trajeron).

VOCABULARIO

los mariscos	*seafood*
los entremeses	*starters*
el maíz	*corn*
los macarrones	*macaroni*
los langostinos	*king prawns*
a la marinera	*with seafood sauce*
la parrillada	*mixed grill (of fish or meat)*
los camarones	*shrimps*
la langosta	*lobster*
asado/a	*roasted*
cocido/a	*cooked*
las costillas	*ribs*
el flan	*creme caramel*
la nata	*cream*
recomendar (e→ie)	*to recommend*
el mesero	*waiter*
el tenedor	*fork*
el vaso	*glass*
traer	*to bring*
lo siento	*I am sorry*
de postre	*for dessert*
un café negro/solo	*black coffee*
un café con leche	*coffee with milk*
la cuenta	*the bill*
el servicio	*tip*
(*also* la propina)	

Escucha las conversaciones. Imagina que eres el mesero. ¿Qué quieren los clientes de la carta de la página 144? Escríbelo en inglés o en español.

Track 78

Inventa una conversación entre el mesero y el cliente en un restaurante.

En la cafetería

Si no tienes mucha hambre, y solo quieres un plato,
una cafetería es la mejor solución.

LISTA DE BEBIDAS

Tés y cafés
Cafés: solo
         con leche
         cortado
Té: con limón
         con leche
Chocolate caliente

Refrescos
Limonada
Naranjada
Coca-cola
Jugo   de manzana
        de piña
        de naranja
Batido de plátano
        de chocolate
Agua mineral

PARA COMER

Bocadillos*: de jamón
              de jamón y queso
              de jamón, queso y
                 huevo
              de tortilla de papas

Tortilla
Hamburguesas
Perros calientes
Empanadas** de carne o de
        legumbres/vegetales

DULCES

Churros***
Pastel de chocolate
Helados variados

ASÍ SE HABLA

*The word for 'sandwich' or 'filled bread roll' may vary according to which country you are in.
For example: in Mexico it would be called *torta*; in Venezuela, they are called *sandúches*.

**Empanadas* are semi-circular shaped stuffed pastries,
similar to patties.

***Churros* are pieces of deep-fried dough, often covered
in sugar, which may be dipped in hot chocolate or coffee.

Cliente 1:	¿Qué quieres tomar?
Cliente 2:	Una limonada por favor. ¿Tienes hambre?
Cliente 1:	Sí, un poco. ¿Comemos un sándwich de jamón?
Cliente 2:	Buena idea.

Mesero:	A la orden.
Cliente 2:	Oiga, mesero, por favor. Una limonada, un jugo de manzana y un sándwich de jamón.
Mesero:	En seguida.

Mesero:	¿Qué quiere tomar?
Cliente 3:	Para mí, un batido de fruta, y una hamburguesa.
Cliente 4:	Y yo quiero una tarta de frutas con un café con leche.
Mesero:	¿No quiere algo más?
Cliente 4:	No, no me apetece nada más. No tengo mucha hambre.
Mesero:	Muy bien. Ahora mismo.

Mesero:	¿Qué tal todo?
Cliente 3:	Todo está muy bien. Estamos muy contentos. El batido está delicioso.
Mesero:	Muy bien, señores.

Con tu pareja, inventa un diálogo en la cafetería entre el mesero y dos clientes.

VOCABULARIO

a la orden	*at your service*
un bocadillo (*also* un sándwich)	*filled roll*
un batido	*milkshake, blended fruit drink*

Imagina que planeas un menú para una fiesta especial. Diseña el menú y haz una lista de los platos que quieres.

¿Hay un problema? Escucha las conversaciones. ¿Cuál es el problema?

Los señores de Luzón comieron en un restaurante recomendado por una amiga, pero no les gustó nada. Lee el correo electrónico que escribieron a la amiga y contesta las preguntas.

Redacción: (sin asunto)

Archivo   Editar   Ver   Insertar   Formato   Opciones   Herramientas   Ayuda

Enviar   Dirección   Ortografía   Adjuntar   Seguridad   Guardar

Hola Leticia:

Te escribo para contarte lo que pasó el otro día que fuimos al Restaurante las Palmeras. No nos gustó nada.

Primero, el mesero nos recibió con descortesía. Nos llevó a la mesa sin decir ni una palabra. Esperamos quince minutos y nadie nos trajo el menú. Tuve que ir a buscarlo al bar. Finalmente vino el mesero y pedimos la comida.

De primero yo pedí gazpacho y Silvia pidió unos calamares. No comí el gazpacho porque tenía mucha sal, y los calamares llegaron fríos. De plato principal pedimos un guisado de ternera, pero le faltó ternera al guisado: solo encontré dos o tres trozos de carne. De postre escogí flan con nata y Silvia un pastel de chocolate, pero no había ni pastel ni flan, solo helado de vainilla.

Total, un desastre, y te quiero avisar por si acaso vas otra vez.

Un abrazo
Felipe

1 What was wrong with the waiter's greeting?

2 How and when did they get the menu?

3 Did his wife like her starter? Why (not)?

4 What was wrong with the gazpacho?

5 What was the main course like?

6 What was the problem with the desserts?

**Una receta mexicana: el guacamole. A ver si puedes hacer esta receta.
¡Qué rico!**

Ingredientes
2 aguacates
2 tomates grandes
1 cebolla mediana
1 limón
Sal y pimienta
Unas gotas de salsa picante

Método
Pelar los aguacates, machacarlos.
Picar los tomates y la cebolla muy finos.
Rallar el limón y sacar el jugo.
Mezclarlo todo.
Sazonar y servir.

O para un guacamole más liso, pasarlo todo por la batidora.

Gramática

 Do you see how instructions are given in recipes? Often in Spanish, the infinitive is used: *pelar, picar, mezclar.*

Preguntas

1 ¿Qué desayunas?
2 ¿Qué tipo de comida te gusta?
3 ¿Hay algo que no te gusta comer? ¿Y beber?
4 ¿Qué prefieres, pescado o carne? ¿O eres vegetariano/a?

Situaciones

Responde a estas situaciones en español.

1 You stop off at a restaurant as you are passing, to book a table for that night, but they are shut. Leave a note asking for a table for four people at 8 o'clock, near the window if possible. Leave your telephone number so they can confirm the reservation.

2 You enter a *cafetería* to order a snack and a drink for yourself and a friend, from a typical *cafetería* menu. What does the waiter say to you? What do you reply?

3 Your pen pal's mother wants to know your favourite foods, and what you don't eat. Jot down a list.

La vida sana

In this unit you will:

- learn how to tell someone to do something
- find out ways of saying what you must do, or need to do, or should do
- discover how to express what you are going to do

Track 81

¡Aprende a vivir mejor!

Come al menos cinco raciones de fruta o verduras al día.

Limita el consumo de pollo frito.

Bebe más agua, al menos dos litros al día.

Toma menos refrescos azucarados.

Acuéstate temprano y duerme ocho horas.

No fumes.

No comas demasiado azúcar.

No comas mucho chocolate.

Lleva una vida más energética.

Track 82

Dos estudiantes conversan sobre los consejos del póster en la página 151.

Esteban: ¿Cuánta fruta comes al día?
Lucía: No cinco raciones, seguro. ¿Y tú?
Esteban: Yo tampoco. Y me gusta demasiado el pollo frito.
Es verdad que es mejor no comer tanta comida frita.
Lucía: ¿Y los refrescos?
Esteban: Sí, tomo bastante. Es mejor beber agua.
Lucía: ¿A qué hora te acuestas?
Esteban: ¡Chica! No tengo sueño en la noche. Nunca me acuesto antes de las once, y tengo que levantarme temprano. Y el chocolate es mi vicio.
Lucía: ¡Huy! ¡Qué vida! Son todas las cosas que nos gustan ¿no?
Esteban: Bueno, por lo menos, corramos hasta el colegio. ¡Preparados, listos y fuera!

VOCABULARIO

aprender	to learn
el consumo	consumption
azucarado/a	with sugar
temprano/a	early
energético/a	energetic
el consejo	advice
tener sueño	to be tired
el vicio	vice, downfall
correr	to run
¡preparados, listos, y fuera!	ready, steady, go!

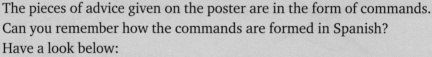

Gramática

The pieces of advice given on the poster are in the form of commands. Can you remember how the commands are formed in Spanish?
Have a look below:

Positive command (*tú* form) **(Regular verbs)**
Drop off the **s** of the simple present of the *tú* form.

Negative commands (*tú* form) **(Regular verbs)**
Change the vowel in the ending of the simple present of the *tú* form and place NO in front.

Simple Present + command

-ar: cantas = canta

-er: comes = come

-ir: escribes = escribe

Simple present − command

-ar: a→e   cantas = No cantes

-er: e→a   comes = No comas

-ir: e→a   escribes = No escribas

What is unusual about *corramos*? It comes from the verb *correr*, therefore is not the form you would expect to see. Here it is used as a sort of first person plural command, 'Let's run!' Other -er and -ir verbs change their normal ending to -amos, while -ar verbs take -emos.

Hablemos español (Let's speak Spanish).

1 ¿Cuánta fruta comes al día?

2 ¿Comes mucho pollo frito?

3 ¿Bebes agua o refrescos azucarados?

Trabaja con tu pareja. Toma turnos. Pregunta y contesta.

4 ¿A qué hora te acuestas?

5 ¿Cuántas horas duermes?

6 ¿Te gusta el chocolate? ¿Comes mucho?

7 ¿Haces ejercicio?

Track 83

¿Cuáles de los consejos del póster dan a los jóvenes?

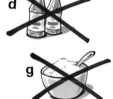 

¿Qué es importante para llevar una vida sana? Trabaja con tu pareja. Toma turnos. Da cinco consejos sobre lo que es importante, o lo que no es bueno, para llevar una vida sana.

Es importante llevar una vida deportiva. Es necesario hacer ejercicio.

Escribe una lista, en orden de importancia para ti, de cinco cosas que puedes hacer para llevar una vida más sana.

La protección del medio ambiente

¿Qué haces para proteger el medio ambiente? Hoy en día vemos muchos cambios climáticos: huracanes, inundaciones, torbellinos. ¿Qué podemos hacer nosotros para solucionar los problemas del medio ambiente? Escucha y lee el extracto de la revista escolar.

Track 84

Tenemos que cuidar el medio ambiente para evitar un desastre ecológico.

Hay que ahorrar energía: apaga las luces, usa menos el aire acondicionado.

Hay que usar el carro menos: vete a pie o en transporte público.

Hay que conservar el agua: no tardes tanto tiempo en la ducha.

Hay que reciclar más: recicla el plástico, el vidrio, el papel.

Hay que reutilizar: usa el papel más de una vez.

Hay que reducir la cantidad de basura: compra menos cosas empaquetadas.

VOCABULARIO

cuidar	to look after, care for
el medio ambiente	environment
evitar	to avoid
ahorrar	to save
apagar	to turn off
conservar	to save
el grifo	tap
el vidrio	glass
reutilizar	to reuse
una vez	once
la basura	rubbish
empaquetado/a	packaged

Gramática

Apart from direct commands, there are other ways in Spanish to express what you have to do, rather like in English 'have to', 'ought', 'must' and 'should'.

The following expressions all take the infinitive:

Hay que... (It is necessary to...)   *Tienes que...* (You have to...)

Debes... (You must...)   *Deberías...* (You ought to/should...)

Other conjugated verbs also take the infinitive:
saber: sé nadar
poder: no puedo ir
and *preferir, querer, necesitar*

As do some prepositions, such as *para, al, antes de, después de*
Al entrar se sentó para escuchar las noticias.

  **Contesta las preguntas en español, con referencia a los consejos en la página 154.**

1 ¿Qué hay que hacer para ahorrar energía?

2 ¿Qué tienes que hacer para reducir la basura?

3 ¿Qué debes hacer para conservar agua?

4 ¿Qué hay que hacer para usar menos el carro?

5 ¿Qué deberías reciclar?

 **Track 85** **Los jóvenes en este colegio aprenden sobre el medio ambiente. Cuando van a casa tratan de educar al resto de la familia. Escucha y empareja lo que dicen con la frase que mejor corresponda.**

1 a Hay que ahorrar agua.
   b Hay que respetar el medio ambiente.

2 a Hay que ahorrar agua.
   b Hay que ahorrar energía.

3 a Hay que reciclar.
   b Hay que ahorrar energía.

4 a Hay que reciclar.
   b Hay que ahorrar dinero.

5 a Hay que reducir la basura.
   b Hay que ahorrar energía.

6 a Hay que reutilizar.
   b Hay que ahorrar agua.

7 a Hay que reducir la basura.
   b Hay que ahorrar energía.

8 a Hay que ahorrar energía y agua.
   b Hay que reciclar.

7

Lee este reportaje del periódico sobre cómo proteger el medio ambiente. Luego contesta las preguntas.

1 What is the government's first priority?

2 What suggestions does it make as to how we can achieve this?

3 What advice does the government give regarding transport?

4 What is the final piece of advice?

El gobierno publicó ayer algunos consejos para cuidar el medio ambiente. Primero hay que ahorrar energía y agua. Es decir debemos apagar los aparatos eléctricos y no usar demasiada agua.

Luego no debemos usar tanto el carro. Es mejor usar el transporte público, o si podemos, ir a pie o en bicicleta.

Finalmente tenemos que reciclar más el vidrio, el plástico y el papel.

Y así vamos a proteger el planeta.

8

Trabaja con tu pareja. Toma turnos para hacer una lista de lo que debes o no debes hacer para ayudar el medio ambiente. Añade una cosa a la lista cada vez. ¡Hasta no poder más!

Debes ducharte por poco tiempo.

Debes ducharte por poco tiempo y apagar la luz.

Debes ducharte por poco tiempo, apagar la luz y reciclar el plástico.

9

Diseña un póster para una campaña medioambiental.

Track 86

¿Cuáles son tus buenos propósitos para el futuro?

Para asegurar un mejor futuro, muchas cosas son importantes.

Voy a estudiar más.

Voy a ponerme en forma.

Gramática

The following are time adverbs to be used with the future:

Más tarde, esta tarde/noche, este jueves/fin de semana, mañana, pasado mañana, la próxima semana, la semana que viene, el próximo mes/año or *el año/mes que viene.*

ASÍ SE HABLA

Can you remember how to express what we are 'going to do'? We use the verb **ir** plus **a** plus the **infinitive**.

Voy a estudiar más (I am going to study more).

Actividad 10

Track 87

Escucha a los jóvenes que discuten sus intenciones. ¿Cuáles son sus buenos propósitos? Escoge el dibujo que mejor corresponda a la intención de cada persona.

1 a  b  c

2 a  b  c

3 a  b  c

4 a  b  c

5 a  b  c

Entrevista a los otros
miembros de la clase.
Pregunta cuáles son
sus buenos propósitos.

¿Cuáles son
tus buenos
propósitos?

El año que
viene voy a ....

Escribe una lista de lo que son
las intenciones más importantes
para asegurar un futuro mejor.

Preguntas

1 ¿Cuántas horas duermes normalmente?
2 ¿A qué hora te acuestas?
3 ¿Haces ejercicio? ¿Qué haces?
4 ¿Cuánta agua bebes al día?

Situaciones

Responde a estas situaciones en español.

1 You are worried about your friend's
health. Give two pieces of advice
about how to improve his/her lifestyle.

2 In the supermarket they are doing
research to promote healthy living.
They ask how many portions of fruit
and vegetables you eat each day. List
a typical day's diet.

3 It is New Year's Eve. Write a list
of three New Year's resolutions
promoting a healthy lifestyle.

Nota Cultural

The lifestyle and culture in many Hispanic countries
promote healthy living. Local markets, selling
fresh and locally produced goods, abound. Public
transport is relatively cheap and convenient,
encouraging people not to take their car. Schemes,
such as in Colombia, in many cities, including
Bogotá, Medellín, Santa Marta and Cali, prohibit
motorised transport on main streets on Sundays
from 7 a.m. to 2 p.m., when locals take to
bicycles, skateboards, or simply go on foot, to
enjoy the peace and clean air of the car and bus-free streets.
Conversely, Hispanics who move to the USA gradually adopt
eating patterns more akin to those of the locals, including
eating saturated fats and products higher in cholesterol.
Interestingly, those who continue to talk Spanish at home are
less likely to adopt the dietary habits of their adopted country.

Track 88

¿Cómo escuchábamos música en el pasado?

En el futuro, la tecnología evolucionará muchísimo. Seguramente habrá maneras nuevas y modernas de escuchar música. Quizás, existirán mecanismos electrónicos muy pequeños que se implantarán en nuestros cerebros y se activarán solo con nuestros pensamientos. Pensaremos qué canción queremos escuchar y solo con pensarlo, la canción comenzará a sonar dentro de nuestra cabeza. Así podremos escuchar nuestra música favorita de forma privada e individual.

¿Cómo escuchamos música en el presente?

¿Cómo escucharemos música en el futuro?

VOCABULARIO

evolucionar	*to evolve*
seguramente	*certainly*
activarse	*to activate*
el pensamiento	*thought*
sonar	*to sound, play*

Gramática

We have met the immediate future construction *ir* + *a* + infinitive in the previous lesson when we were speaking about our good intentions.

Now we are talking about some way ahead using the simple future tense. The simple future of the regular verbs is formed by adding endings to the **infinitive** of the verbs as follows:

Yo hablar**é**   Nosotros/as estar**emos**

Tú leer**ás**   Ellos/ellas/ustedes ser**án**

Él/ella/usted buscar**á**

There are some verbs which are irregular in the simple future tense. The stem of the verb changes, but the endings are the same as for regular verbs.

Hacer → **haré**   Poner → **pondré**

Salir → **saldré**   Tener → **tendré**

Decir → **diré**	Poder → **podré**
Querer → **querré**	Haber → **habrá** (used mainly in
Saber → **sabré**	the third person, there
Venir → **vendré**	will be)

Here are some time markers we can use when speaking about the future:

dentro de 5 / 10 / 25 años	en unos 10 años
en el (año) 2050	en el futuro

We can also use the following words:

quizás	perhaps	probablemente	probably
tal vez	maybe	posiblemente	possibly
acaso	perhaps	seguramente	certainly

¿Qué hay? Mira hacia el futuro

Track 89

¿Cuáles serán los inventos más exitosos?

- Podremos tener acceso a la educación en línea por la nube.
- Muchas cosas de uso diario, como la televisión, la nevera, el aire acondicionado, y la cafetería, estarán conectadas a internet en el futuro.
- Habrá ojos biónicos y órganos artificiales. En el presente, ya existen los marcapasos, pero existirán muchos más órganos artificiales en el futuro.

VOCABULARIO	
la nube	cloud
el avance	advance
los marcapasos	pacemakers (for the heart)
la robótica	robots
el espacio	space
el gesto	gesture
la voz	voice
parecer	to seem

- La robótica formará parte de la familia.
- Los viajes privados al espacio costarán $100.000 en el año 2025. En el 2050, serán más baratos y podrás viajar al espacio por $5.000.
- Podremos comunicarnos por internet con solo los gestos, la voz o el pensamiento.

 Escucha otra vez el texto en la página anterior. Corrige lo que es falso en las siguientes frases.

Track 90

1 Habrá acceso a la educación en línea por el sol.

2 Las plantas en el jardín estarán conectadas a internet.

3 Los viajes al espacio costarán unos $10.

4 Los científicos formarán parte de la familia.

5 Habrá profesores biónicos.

 Habla con tu pareja…

¿Qué te parece? ¿Mejorará* la vida?

¿Cuál de estas tecnologías consideras que será más útil en el futuro?

¿Cómo crees que te ayudará en tu futuro?

*mejorar = *to improve*

 Rellena los espacios con la forma correcta del verbo entre paréntesis, en el tiempo futuro.

1 La energía solar ….. (ser) una fuente de energía renovable* para el futuro.

2 Nosotros ….. (usar) gafas como *smartphones* para comunicar.

3 Los científicos …. (poder) manipular el clima.

4 Los dronos …. (formar) parte de la vida diaria.

5 No … (ser) necesario saber conducir. …. (haber) carros sin conductor.

*una fuente de energía renovable = *source of renewable energy*

Prueba 3 Unidades 8–12

Tracks 91, 92 and 93

1 Los jóvenes describen el tipo de ropa que les gusta.
¿Puedes averiguar quién es quién por las descripciones?

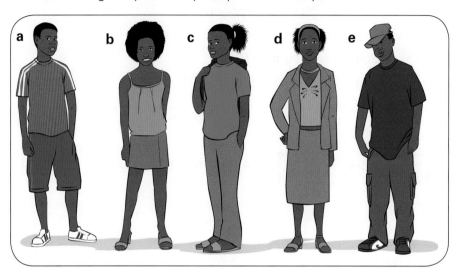

a   b   c   d   e

2 Escucha a las personas que están en un almacén grande.
¿Qué buscan? Empareja lo que dicen con el dibujo correcto.
¡Cuidado! Sobran dibujos.

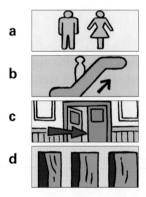

a   b   c   d

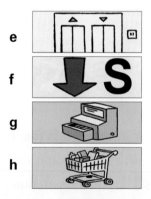

e   f   g   h

3 Escucha lo que piden los clientes en este restaurante. ¿Cuánto cuesta cada plato?

—**☆☆— La Carta —☆☆—**

Sopa del día	$3	Fruta de temporada	$5
Ensalada mixta	$2	Tarta de la casa	$6
		Helados variados	$4
—☆☆—			
Pollo asado	$9	—☆☆—	
Filete de pescado	$11		

B

1 Trabaja con tu pareja. Toma turnos. Pregunta y contesta.

   1 ¿Llevas ropa de marca?
   2 ¿Qué comiste anoche?
   3 ¿Qué número calzas?
   4 ¿Cuál es tu tienda favorita? ¿Por qué?
   5 ¿Cuál prefieres: jamón o queso? ¿Por qué?
   6 ¿Qué tipo de ropa prefieres?
   7 ¿Con quién te gusta ir de compras?
   8 ¿Cómo puedes proteger el medio ambiente?
   9 ¿Qué debes beber para llevar una vida sana?
  10 ¿Qué postre prefieres?
  11 ¿Qué beben tus padres con la comida?
  12 ¿A qué hora llegaste al colegio esta mañana?

2 Trabaja con tu pareja en este juego de roles. Prepara un diálogo en el mercado.

Vendedor:	Asks the customer what he/she wants.
Cliente:	Asks the price of tomatoes.
Vendedor:	Replies that the near ones are $ 1 per kilo, and the far ones are $ 2 as they are bigger.
Cliente:	Customer says he/she prefers the near ones as they are smaller and cheaper. Asks for 1 kilo, please.
Vendedor:	Asks if customer wants anything else.
Cliente:	Customer says no, that's all, thank you. How much is it?
Vendedor:	$ 1. Thank you and goodbye.

3 Con tu pareja, toma turnos. Pregunta y contesta dónde se venden los siguientes artículos.

6°	**Artículos de viaje**
5°	**Deportes y juguetería**
4°	**Moda joven**
3°	**Moda señores**
2°	**Moda señoras**
1°	**Regalos, libros, discos**
PB	**Perfumería, joyería, artículos de cuero, zapatería**
S	**Supermercado, artículos para el hogar y el jardín**

4 En el menú hay varios platos combinados ilustrados. Trabaja con tu pareja. Toma turnos. Uno es el mesero y el otro el cliente. El cliente tiene que describir al mesero cuál quiere. El mesero tiene que confirmar la letra del plato.

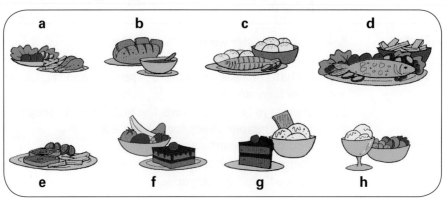

5 Buenos consejos. Trabaja con tu pareja. Toma turnos para dar los siguientes consejos.

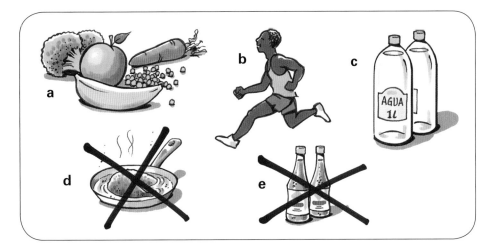

6 Trabaja con tu pareja. Inventa un diálogo en que una persona quiere cambiar un artículo en la tienda. Uno es el cliente, y el otro el dependiente. Explica por qué quiere cambiar el artículo.

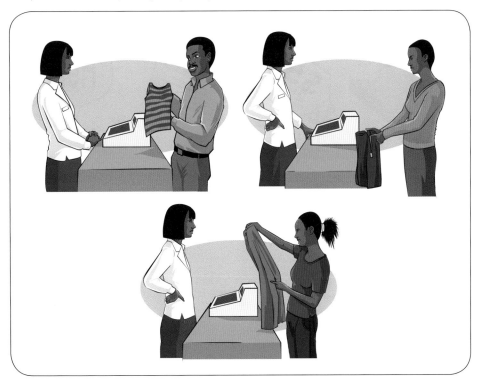

1 Ordena estas frases para hacer una conversación lógica en la tienda de modas.

   a ¿Qué talla lleva?

   b Sí, ¿cuál?

   c Sí, me gusta. Me la llevo.

   d ¿En qué puedo servirle?

   e ¿Qué tal le queda?

   f Aquella con las mangas cortas.

   g Me queda pequeña. ¿Tiene 38?

   h Quisiera probarme la camiseta en el escaparate.

   i 36 por favor.

   j Aquí tiene.

2 Empareja cada símbolo con su letrero.

   1 Aquí se habla inglés

   2 Se prohibe la entrada

   3 Aquí se compra lotería

   4 Empuje

   5 Aquí se cambian dólares

   6 Aquí se vende pescado fresco todos los días, a partir de las ocho, excepto el domingo

   7 Gran rebaja

   8 Hale

3 Empareja lo que dicen estos clientes con el dibujo apropiado.

1 Mesero, este cuchillo está sucio.
2 Me trae el pan, por favor.
3 Nos falta la sal.
4 Esta sopa está fría.
5 Hay un error. Pedí el bistec bien cocido. Este no está bien cocido.
6 Mire, este vaso está roto. Me trae otro, por favor.

4 ¿Cuál de las alternativas es la correcta en las frases siguientes?
Escoge la forma correcta de cada verbo.

1 Cuando fui/era más joven leí/leía mucho.
2 Mi papá trabajó/trabajaba en los Estados Unidos en el año 2004.
3 Cuando salí/salía de casa esta mañana llovió/llovía mucho.
4 Mi madre preparó/preparaba la comida, cuando llamó/llamaba mi tío.
5 Hubo/Había tanta gente en el estadio porque muchos fueron/eran aficionados del equipo.

1 Vas de compras al centro comercial con tu hermano menor, pero lo pierdes. Tienes que describir lo que lleva puesto al agente de seguridad. Escribe una descripción según la foto.

2 Estás de vacaciones. Quieres comprar unos recuerdos para la familia y los amigos. Aquí hay una lista de las personas para quienes compras un regalo. Escoge algo apropiado y diferente para cada persona.

> Mi madre
> Mi padre
> Mi abuela
> Mi abuelo
> Mi hermana mayor
> Mi hermano menor
> Mi amiga Patricia (de 14 años)
> Mi amigo Juan (de 15 años)

3 Termina estas frases para indicar cómo proteger el medio ambiente.

   1 Para la protección del medio ambiente hay que...
   2 Para llevar una vida más sana tienes que...
   3 Mi buen propósito es que voy a...
   4 En el colegio debemos...

4 Escribe 60–80 palabras sobre **uno** de los siguientes temas.

    a Fuiste de compras con tus amigos al centro comercial. Describe tu visita y lo que pasó, en un correo electrónico.

    b Escribe un diálogo entre tu familia y el mesero en el restaurante. Incluye:
- Saludos
- La comida
- Tu opinión sobre la comida
- Un problema
- La cuenta

5 Escribe la versión correcta del tiempo pasado del verbo entre paréntesis, en las frases siguientes.

    1 Cuando yo (entrar) en el restaurante, yo (ver) que no (haber) mesas libres.

    2 La policía (pedir) el permiso de conducir al joven, pero no lo (tener).

    3 Mi madre (perder) su monedero mientras (hacer) la compra ayer. No (estar) contenta al volver a casa.

6 Escribe cinco frases usando el tiempo futuro, para describir cómo será el mundo del futuro.

¡Extra – Examen!

PART A
LISTENING COMPREHENSION
40 minutes

SECTION 1

Directions: In this section you will hear a single statement or question followed by FOUR responses. Choose the response that corresponds to the picture in your test. Then note the answer on your paper.

For example:

You see:

You hear:

¿A dónde vas de vacaciones?

(A) Este año vamos a Cuba.
(B) Me interesa el baile cubano.
(C) No me gusta.
(D) A las siete de la mañana.

The correct answer is option A, so you would write the letter A on your paper.

1

2

3

$$2x - 5 = 7$$

$$-5.0 = (0-30)/t$$

$$\begin{array}{r} 156 \\ + 269 \\ \hline \end{array}$$

$$\begin{array}{r} 145 \\ - 37 \\ \hline \end{array}$$

$$\sqrt{81}$$

$$\frac{36}{72}$$

4

5

SECTION II

Track 95

Directions: In this section you will hear a number of situations described. Each situation will be read twice. Four suggested responses for each situation are printed in your test, and you have to choose the response which BEST completes the question or statement. After examining the suggested responses you should select the BEST response, and write the corresponding letter on your paper.

For example, you will hear:
Mamá, me duele la cabeza.

   (A) Tengo hambre.
   (B) Tengo aspirinas.
   (C) Tengo que salir.
   (D) Tengo dos hermanos.

The correct answer is option B, so you would write the letter B on your paper.

---

6 (A) A las ocho de la mañana.
     (B) A la derecha.
     (C) A unos quince minutos a pie.
     (D) A las cinco y media de la tarde.

7 (A) Mi hermano también va a Lima.
     (B) Mi padre no va al trabajo.
     (C) Mi amigo es muy simpático.
     (D) Mi madre quiere ir de compras.

8 (A) Lo siento.
     (B) ¡Buen provecho!
     (C) ¡Qué interesante!
     (D) ¿Qué tal?

9 (A) ¿Tiene sed?
     (B) ¿Por cuántas noches?
     (C) ¿Tiene algo que declarar?
     (D) Adiós. ¡Buen viaje!

10 (A) ¡Qué lástima!
     (B) En seguida.
     (C) Está prohibido.
     (D) De nada. Es un placer.

11 (A) Aquí tiene, señor.
     (B) ¡Qué tontería!
     (C) No me gusta.
     (D) Me acuesto a las diez.

12 (A) Sí, es muy aburrido.
     (B) Sí, voy en taxi.
     (C) Sí, a las once menos cuarto.
     (D) Sí, ¿tiene zanahorias?

13 (A) Son las dos.
     (B) El dos de mayo.
     (C) Es tarde.
     (D) El martes.

14 (A) Toma este bocadillo.
     (B) Friega los platos, por favor.
     (C) ¡Acuéstate temprano!
     (D) Ponte el sombrero.

15 (A) ¿No te gusta?
     (B) No está en este momento.
     (C) ¿Te duele el estómago?
     (D) No voy nunca.

SECTION III

Directions: In this section you will hear two radio advertisements. Each advertisement will be read twice. Five questions on each advertisement are printed below. For each question there is a choice of four responses. Select the BEST response and write the letter on your paper. There is no sample question for this section.

Track 96

(There are five questions on the first advertisement)

16 When are they inviting you to the Gigante shopping centre?
(A) In ten days.
(B) This week.
(C) This weekend.
(D) This Tuesday.

17 What is the occasion?
(A) It is the 10th anniversary.
(B) It is the 1st anniversary.
(C) It is the weekend.
(D) It is a holiday.

18 What entertainment is offered?
(A) Music and dance.
(B) Food and drink.
(C) Ice skating.
(D) Theatre workshop.

19 What time does it open on Saturday?
(A) 8.30 a.m.
(B) 11 a.m.
(C) 5 p.m.
(D) 6 p.m.

20 What time does it close on Sunday?
(A) 8.30 a.m.
(B) 11 a.m.
(C) 5 p.m.
(D) 6 p.m.

(There are five questions on the second advertisement)

21 Where do the flights leave from to go to Latin America?
(A) Montserrat.
(B) Mérida.
(C) Mexico.
(D) Miami.

22 How often do the flights go?
(A) Daily.
(B) Every other day.
(C) Weekly.
(D) Monthly.

23 Why choose Aerolíneas Telstar, according to the advertisement?
(A) The flights are quick.
(B) The flights are direct.
(C) It is a well-established airline.
(D) They go to Mexico.

24 What do they offer on board, according to the advertisement?
(A) Extra legroom.
(B) Plug for the computer.
(C) Meal and drinks service.
(D) Latest music.

25 What else is good about the airline, according to the advertisement?
(A) The pilots are the best.
(B) They wear modern uniforms.
(C) The fares are cheap.
(D) The bathrooms are first class.

This is the end of the listening comprehension. Now go on to the next page and work through the reading comprehension as quickly and as carefully as you can. If you cannot answer a question, go on to the next one; you can come back to the harder question(s) later.

SECTION I

Directions: Read the following poster carefully. It is followed by a number of incomplete statements or questions. Select the response which BEST answers the question or completes the statement according to the information given in the poster. Then write the corresponding letter on your paper. There is no sample question for this section.

¡Fin de temporada!

A partir del 1 de noviembre hasta el 15 de diciembre

Hotel Miramar

Estancias de dos o tres noches
A precios especiales

Habitación doble a $75 por dos noches – $100 por tres noches
Desayuno incluido

Recargo adicional por habitaciones individuales

DISFRUTE DE NUESTRAS INSTALACIONES
Piscina - Sala de Internet - Salón de belleza - Peluquería - Parque infantil

Televisión por satélite y aire acondicionado en todas las habitaciones

Comida regional e internacional en nuestros dos restaurantes

Servicio de cafetería a todas horas

Oferta especial para las 50 primeras reservas: excursión en autobús por la zona

---

26 **¿Por qué el hotel ofrece precios especiales?**
(A) Porque es nuevo.
(B) Porque es el fin de la temporada de las vacaciones.
(C) Porque está cerrado.
(D) Porque no hay habitaciones libres.

27 **Hay que pagar un recargo adicional…**
(A) …por el desayuno.
(B) …por el aire acondicionado.
(C) …por una habitación individual.
(D) …por el parque infantil.

28 **Para los niños hay…**
(A) …un parque infantil.
(B) …una peluquería.
(C) …un salón de belleza.
(D) …un restaurante.

29 **¿Cuándo está abierta la cafetería?**
(A) A la hora de comer.
(B) A la hora de cenar.
(C) A la hora del desayuno.
(D) Todo el día.

30 **¿Por qué es interesante reservar lo más pronto posible?**
(A) Porque ofrecen una excursión gratis.
(B) Porque ofrecen servicio de internet.
(C) Porque ofrecen un viaje en satélite.
(D) Porque ofrecen una comida gratis.

Directions: Read the following advertisements carefully. Each advertisement is followed by a number of incomplete statements or questions. For each, select the response which BEST answers the question or completes the sentence according to the information given in the advertisement. Then write the corresponding letter on your paper. There is no sample question for this section.

(a)

Se busca recepcionista
Centro Médico Arenas

Para comenzar el 1 de enero

20 horas a la semana, de lunes a viernes, y un sábado al mes
Horario flexible

Sueldo interesante, con sobrepaga por horas extras

Tareas: contestar el teléfono
atender a los pacientes en la sala de espera
algunas tareas de secretaria

Cualidades necesarias: ¡Humor y paciencia!

Llamar al
432 87 509

O presentarse en el Centro Médico este viernes, 20 de diciembre, de las 3 a las 5 de la tarde

31 Buscan a...
   (A) ...un médico.
   (B) ...un paciente.
   (C) ...un recepcionista.
   (D) ...una secretaria.

32 El futuro empleado trabaja...
   (A) ...solo por la mañana entre semana.
   (B) ...menos de 20 horas.
   (C) ...un mínimo de 20 horas.
   (D) ...solo el fin de semana.

33 El empleado empieza...
   (A) ...el 1 de enero.
   (B) ...el sábado.
   (C) ...el 20 de diciembre.
   (D) ...esta semana.

34 El empleado tiene que...
   (A) ...pagar un salario.
   (B) ...hablar por teléfono.
   (C) ...esperar.
   (D) ...trabajar el domingo.

35 Al empleado le hace falta...
   (A) ...un médico.
   (B) ...un paciente.
   (C) ...un recepcionista.
   (D) ...sentido de humor.

(b)

COLEGIO SANTA MARÍA

¿Necesitas ayuda con las matemáticas o el francés?
¿Encuentras difíciles las ciencias?
¿Sacas malas notas en inglés?

Se ofrecen clases del 2 al 13 de abril
en muchas asignaturas escolares

Inglés:	lunes de 9 a 12
Español:	martes de 9 a 12
Francés:	jueves de 2 a 5
Ciencias:	miércoles de 9 a 5
Matemáticas:	viernes de 2 a 5
Historia y Geografía:	lunes de 2 a 5
Informática:	martes de 2 a 5

■ **Profesores con mucha experiencia**
■ **Ayuda práctica para los exámenes**
■ **Clases pequeñas con atención individual**

Solo para estudiantes de 15 años o más

Matricularse por la tarde a partir de las 4 en Calle Prudencia, 45
Tfno.: 472 39 86   Información: colegiosantamaría@yahoo.carib

36 El Colegio Santa María ofrece…
(A) …clases durante todo el año.
(B) …clases durante el verano.
(C) …clases antes de los exámenes.
(D) …clases después de los exámenes.

37 El viernes ofrece clases de…
(A) …matemáticas.
(B) …inglés.
(C) …ciencias.
(D) …francés.

38 ¿Cómo son los profesores?
(A) Son pequeños.
(B) Tienen 15 años.
(C) Son expertos.
(D) Tienen vacaciones.

39 ¿Por qué pueden ofrecer atención especial para cada estudiante?
(A) Porque no hay muchos alumnos en cada clase.
(B) Porque los estudiantes son grandes.
(C) Porque hay muchas asignaturas.
(D) Porque son matriculados.

40 ¿Cuándo hay que matricularse?
(A) Por la mañana.
(B) Por la tarde.
(C) El fin de semana.
(D) Durante las vacaciones de Pascuas.

Directions: Read the following announcements carefully. Each announcement is followed by a number of questions. For each, select the response which BEST answers the question according to the information given in the announcement. Then write the corresponding letter on your paper. There is no sample question for this section.

(a)

!CUIDADO!
Carretera cortada por obras
Del 1 de junio al 15 de junio
Abierta solo por acceso a la playa
Desvío por Laredo y Tetuán, según las señales
Disculpen las molestias

En caso de problemas, llamar al 0800 492 1680

41 **¿Por qué está cerrada la carretera?**
(A) Por obras.
(B) Por acceso.
(C) Por señales.
(D) Por la playa.

42 **¿Por cuánto tiempo está cerrada?**
(A) Un día.
(B) Dos días.
(C) Una semana.
(D) Dos semanas.

43 **¿A dónde hay acceso?**
(A) A las obras.
(B) A la carretera.
(C) A la playa.
(D) A Laredo.

44 **¿Por qué hay que ir por Laredo?**
(A) Para ir a la playa.
(B) Porque la carretera está cerrada.
(C) Para molestar.
(D) Para tener acceso.

45 **¿Por qué hay que llamar al 0800 492 1680?**
(A) Si hay un problema.
(B) Si quiere ir a la playa.
(C) Si quiere ir a Laredo.
(D) Si hay acceso.

(b)

ALMACENES ROBREDO

GRANDES REBAJAS

☛Descuentos en todos departamentos

☛Reducciones en el precio de ropa para niños en el primer piso

☛Compre dos por el precio de 1 en ropa de verano en el segundo piso

☛Descuentos de hasta un 50% en camisetas y ropa deportiva en la planta baja

Visite el sótano para ver los descuentos en zapatería
Y relájese en la cafetería en el tercer piso

Abierto de 9 a 5 todos los días, salvo los domingos y días festivos

46 ¿Dónde se pueden comprar sandalias?
(A) En el sótano.
(B) En la planta baja.
(C) En la primera planta.
(D) En la segunda planta.

47 Si quieres comprarte un traje de baño, ¿a dónde vas?
(A) Al sótano.
(B) A la planta baja.
(C) A la primera planta.
(D) A la segunda planta.

48 ¿Qué puedes comprar en la tercera planta?
(A) Un sombrero.
(B) Unas botas.
(C) Un café.
(D) Una falda.

49 Buscas unos pantalones para tu sobrino de siete años, ¿a dónde vas?
(A) Al sótano.
(B) A la primera planta.
(C) A la segunda planta.
(D) A la planta baja.

50 ¿Qué día está cerrado?
(A) El sábado.
(B) El martes.
(C) El jueves.
(D) El día de Navidad.

END OF TEST

IF YOU FINISH BEFORE TIME IS CALLED, CHECK YOUR WORK ON THIS TEST.

Las Instrucciones

Busca	Look for
Cambia de rol	Swap roles
Contesta las preguntas	Answer the questions
Copia y rellena	Copy and fill in
Corrige las frases falsas	Correct the sentences that are false
Cuenta a tu pareja	Tell your partner
¡Cuidado!	Be careful!
Deja una nota	Leave a note
Describe	Describe
Descubre	Discover
Dibuja	Draw
Diseña	Design
Empareja	Match up
Escoge el dibujo…	Choose the picture…
Escoge la respuesta apropiada	Choose the correct answer
Escribe (cinco) frases	Write (five) sentences
Escribe el orden correcto de los dibujos	Write the correct order of the pictures
Escribe un anuncio	Write an advert
Escucha la entrevista	Listen to the interview
Escucha las conversaciones	Listen to the conversations
Escucha y lee	Listen and read
Estudia el anuncio	Study the advert
Explica	Explain
Haz una encuesta	Do a survey
Imagina que…	Imagine that…
Indica si estas frases son verdaderas o falsas	Say if these sentences are true or false
Inventa un diálogo	Make up a dialogue
Lee el correo electrónico	Read the email
Lee el diálogo	Read the dialogue
Lee en voz alta	Read out loud
Lee la carta	Read the letter
Lee las preguntas antes de escuchar	Read the questions before you listen
Luego…	Then…
Ordena las frases	Put the sentences in order
Practica	Practise
Pregunta a tu pareja	Ask your partner
Pregunta y contesta	Ask and answer
Prepara un folleto	Prepare a leaflet
Prepara un párrafo	Prepare a paragraph
Prepara una lista	Prepare a list
Rellena los espacios	Fill in the gaps
Responde a estas situaciones en español	Respond to these situations in Spanish
Sobran frases	There are more sentences than you will need
Sustituye las palabras subrayadas	Replace the underlined words
Toma turnos	Take turns
Trabaja con tu pareja	Work with your partner
Usa el cuadro	Use the grid
Usa las frases…	Use the sentences…

La Gramática

Nouns

In Spanish, nouns, or the names of things, are divided into two groups: masculine nouns and feminine nouns.

Each noun can be preceded by a little word which is the definite article: *el/la* or *los/las*. This word stands for 'the' and changes according to whether the word is masculine or feminine, singular or plural.

Most words ending in *-o* are masculine, and use the word *el* for 'the'. For example: *el recreo, el libro.*

Most words ending in *-a* are feminine, and use the word *la* for 'the'. For example: *la puerta, la pizarra.* There are, however, exceptions to this rule, for example: *el mapa, la mano.*

Plurals generally end in *-os* or *-as*, depending on whether the word is masculine or feminine.

The word for 'a', 'an' or 'some', the indefinite article, also changes according to whether the noun is masculine, feminine, singular or plural. For example: **un** *profesor,* **una** *profesora,* **unos** *alumnos,* **unas** *alumnas.*

Note that in Spanish all days of the week and months of the year begin with a common letter, not a capital letter. When the day and date are said together, it is written as follows:
martes, tres de mayo

The way to say 'on Monday' is *el lunes*.

Adjectives

A word which describes a noun is called an adjective. In Spanish, the endings on adjectives change according to whether the person or thing being described is masculine or feminine. For example: *Bob Marley es jamaicano; Veronica Campbell es jamaicana.*

If the adjective ends in any other vowel, it remains the same in the feminine form. For example: *Bob Dylan es estadounidense. Venus Williams es estadounidense.*

If a word ends in a consonant, an *-a* is added to form the feminine. For example: *Mi padre es trabajador y mi madre es trabajadora también.*

When talking about more than one person or thing, the adjectives need to be made plural too. This is done by adding *-s* if it ends in a vowel, or *-es* if it ends in a consonant. For example:

*bolivian**o** – bolivian**os***
*jamaican**a** – jamaican**as***
*canadiense – canadiens**es***
*español**a** – español**as***
*español – español**es***
*guyan**és** – guyanes**es***

Note that with an all masculine group of people or things, the ending on the adjective that describes them is masculine plural. With an all feminine group, the ending is feminine plural. However, when the group is mixed, including both masculine and feminine, the adjective ending is masculine plural. For *example: Miguel y Antonio son jamaican**os**; María y Ana son jamaican**as**; but: Miguel y Ana son jamaican**os**.*

Demonstrative adjectives
These show or describe which thing is being referred to. Like other adjectives they agree with the noun they describe. For example:

este libro	this book
ese día	that day
aquellos hombres	those men (over there)

As with all adjectives, they must agree with the noun to which they refer:

este/esta, estos/estas	this, these
ese/esa, esos/esas	that, those
aquel/aquella, aquellos /aquellas	that (over there), those (over there)

Possessive adjectives
These words describe who owns something. They behave in the same way as other adjectives and need to agree in number and gender with the noun to which they refer. (Note that they agree with the item possessed and not the possessor.)

mi *libro* **mis** *libros*	my
tu *padre* **tus** *padres*	your (singular, familiar)
su *hermano* **sus** *hermanos*	his/her/their/your (polite and plural)
nuestro *perro* **nuestra** *casa* **nuestros** *amigos* **nuestras** *maletas*	our

Comparatives and superlatives

If we want to compare things with different qualities we use the constructions *más ... que* or *menos ... que*. For example:

Mi carro es más viejo que aquél. My car is older than that one over there.

Su padre es menos joven que Juan. His father is younger (i.e. less young) than Juan.

If we want to compare things with similar qualities we use *tan/tanto ... como*. For example:

La película es tan interesante como el libro. The film is as interesting as the book.

Pronouns

These are words which stand instead of nouns.

Subject pronouns

These are only used for emphasis, or to clarify and avoid ambiguity. For example: *Yo prefiero manzanas, pero **él** prefiere naranjas.* They are as follows:

yo	I
tú	you (singular, familiar)
usted	you (singular, polite)
él	he
ella	she
nosotros	we (masculine, or a mixed group)
nosotras	we (feminine)
ustedes	you (plural)
ellos	they (masculine or a mixed group)
ellas	they (feminine)

Direct object pronouns

These are used to replace words which are the object of the verb. For example: ***Lo** compro; **Las** veo*. They are as follows:

me	me
te	you
lo/la	it
la	her
le	him
nos	us
los/las/les	them

Indirect object pronouns

They are used to replace the object of the verb which describes to, or for whom or what something is being done. For example: *Rafa **me** compró una camiseta.* They are as follows:

me	to/for me
te	to/for you
le/se	to/for him/her/it
nos	to/for us
les	to/for them

Demonstrative pronouns

These are used to express which one of several we are referring to, without using the name of the thing to which we are referring. They must agree in number and gender with the noun to which they refer.

este/esta, estos/estas	this, these (ones)
ese/esa, esos/esas	that, those (ones)
aquel/aquella, aquellos/ aquellas	that one, those (ones) over there

Position of object pronouns

Object pronouns normally go before the verb, but they follow infinitives, positive commands and gerunds. For example: *¿Tienes la guía? Paca **la** tiene. Quiero ver**la**. Pon**la** en la mesa. Estoy poniéndo**la** en la mesa.*

Possessive pronouns

Pronouns are useful when we do not want to repeat a word too often. They stand instead of the noun. A possessive pronoun is very useful, especially when comparing things belonging to different people. For example: *Mi casa es más grande que la tuya.* My house is bigger than yours.

The possessive pronouns have to agree in number and gender with the noun they replace. In the example above *la tuya* refers to *la casa*, which is feminine singular.

The possessive pronouns are as follows:

el mío, la mía, los míos, las mías	mine
el tuyo, la tuya, los tuyos, las tuyas	yours
el suyo, la suya, los suyos, las suyas	his/her/its/your (formal)
el nuestro, la nuestra, los nuestros, las nuestras	our
el suyo, la suya, los suyos, las suyas	their/your (plural – i.e. belonging to more than one person)

¿Es el libro de Juan? No, es el mío. Is it Juan's book? No, it is mine.
¿Son las hermanas de Federico? Sí, son las suyas. Are they Federico's sisters? Yes, they are his sisters.

Numbers

Note the accents on *veintidós, veintitrés* and *veintiséis*.

31 *treinta y uno*
32 *treinta y dos*, etc.

40 *cuarenta*	50 *cincuenta*
60 *sesenta*	70 *setenta*
80 *ochenta*	90 *noventa*

100 *cien/ciento* (this changes according to whether it stands alone or not, for example: *cien euros* but *ciento veinte euros*).

200 *doscientos* (the hundreds have to agree with the noun to which they are referring, for example: *doscientas personas*).

300 *trescientos*	400 *cuatrocientos*
500 *quinientos*	600 *seiscientos*
700 *setecientos*	800 *ochocientos*
900 *novecientos*	

Note how 365 is said: *trescientos sesenta y cinco*, with the 'and' in a different place from English, between the tens and units.

1.000 *mil*	2.000 *dos mil*, etc.

1.000.000 *un millón*
2.000.000 *dos millones*

Ordinal numbers

They are adjectives and have to agree with the noun they go with. For example: *los primeros días de abril, la segunda planta.*

1st	*primero*	6th	*sexto*
2nd	*segundo*	7th	*séptimo*
3rd	*tercero*	8th	*octavo*
4th	*cuarto*	9th	*noveno*
5th	*quinto*	10th	*décimo*

Primero and *tercero* shorten when they come in front of masculine nouns. For example: *el primer año, el tercer día.*

Note that ordinals are not used for days of the month in Spanish, with the exception of the first day of the month: *el primero de mayo, el uno de mayo*; both are correct.

Prepositions of place

Many of the words or phrases that describe the position of something need to be followed by the word *de* after them, when the position is relative to something else. For example: *La ventana está enfrente*; but: *La ventana está enfrente de la puerta.*

When *de* is followed by *la, los* or *las* it remains the same. But when it is followed by *el* it changes: *de + el = del.* For example: *enfrente de la ventana* but *enfrente del pupitre.*

Similarly, *a + el = al.* For example: *al pueblo* but *a la ciudad.*

Also note the difference between *en el norte de* and *al norte de. En el norte de* means 'in the north of…', whereas *al norte de* means 'to the north of…'. For example: *Cuba está en el norte del Caribe, al norte de Jamaica.*

Verbs

Verbs are the words which describe the action, the 'doing' words.

The **infinitive**, or name of the verb in Spanish can usually be recognised by its ending:
-ar, -er or *-ir*.

It is important to know the ending of the infinitive of the verb in order to know which group of verbs it belongs to and which pattern it will follow in its various forms.

As mentioned above, subject pronouns are not always used in Spanish. These are the words for 'I', 'you', 'he/she/it', 'we', 'they'. In Spanish they are only used for emphasis, to avoid ambiguity or confusion, and in phrases such as *¿Y tú?*

The rest of the time they are understood.
For example: *Vivo en Trinidad* can only mean 'I live in Trinidad', because the ending of *vivo* tells us so.

yo	I	*Juan vive en España. Yo vivo en México.*
tú	you	*¿Qué tal? Bien, ¿y tú?*
usted	you (polite)	*¿Cómo se llama usted?*
él/ella	he/she	
nosotros/as	we	
ellos/ellas	they	
ustedes	you (plural)	*¿Cómo se llaman ustedes?*

Present tense of regular verbs

-ar verbs change in the following pattern in the present tense:

Hablar (to talk): take off the *-ar* ending, and add the following endings:

yo	-o	hablo
tú	-as	hablas
él/ella/usted	-a	habla
nosotros/as	-amos	hablamos
ellos/ellas/ustedes	-an	hablan

Some other *-ar* verbs:

ayudar (a)	to help (to)
bailar	to dance
dibujar	to draw
escuchar	to listen to
estudiar	to study
lavar	to wash
limpiar	to clean
mirar	to look at
visitar	to visit

-er verbs change in the following pattern in the present tense:

Comer (to eat): take off the *-er* ending, and add the following endings:

yo	-o	como
tú	-es	comes
él/ella/usted	-e	come
nosotros/as	-emos	comemos
ellos/ellas/ustedes	-en	comen

Some other *-er* verbs

aprender	to learn
beber	to drink
correr	to run
responder	to reply

-ir verbs change in the following pattern in the present tense:

Vivir (to live): take off the *-ir* ending, and add the following endings:

yo	-o	vivo
tú	-es	vives
él/ella/usted	-e	vive
nosotros/as	-imos	vivimos
ellos/ellas/ustedes	-en	viven

Some other *-ir* verbs

abrir	to open
describir	to describe
escribir	to write
subir	to go up

Present continuous tense

This tense is used to describe an action which is happening at the time of speaking. For example: 'I am eating my supper while I watch the television'.

It is formed using the correct form of the verb *estar* and the present participle, which does not change.

The present participle is formed by taking the stem of the infinitive and adding *-ando* for *-ar* verbs, and *-iendo* for *-er* and *-ir* verbs.

Estoy hablando. I am talking.
Está comiendo. He is eating.
Están escribiendo cartas. They are writing letters.

Reflexive verbs

Some of the most useful verbs you will need are called reflexive verbs. They are used to express an action done to or for oneself. For example: *bañarse* (to bathe), *peinarse* (to brush one's hair). They are easily recognisable by the reflexive pronoun on the end of the infinitive. These change according to the person of the verb, as in the example *llamarse* below.

Llamarse (to be called)

me llamo	Me llamo Juan Carlos.
te llamas	¿Cómo te llamas?
se llama	Mi compañero se llama Pepe. ¿Cómo se llama usted?
nos llamamos	Nos llamamos Mili y Pili.
se llaman	Se llaman Lepe y Pepe. ¿Cómo se llaman ustedes?

The pronoun on the end of the infinitive also changes according to the subject of the main verb. For example: *Tengo que levantarme*.
Vamos a despertarnos a las siete. ¿Puedo probármelo?

Irregular verbs

Some verbs have small irregularities. For example *tener,* which is used for personal description, among other things: *tengo once años, tengo el pelo rubio, tengo los ojos verdes.*

Tener (to have)

tengo	Tengo trece años.
tienes	¿Cuántos años tienes?
tiene	Pepe tiene los ojos azules. ¿Cuántos años tiene usted?
tenemos (we)	Tenemos once años.
tienen	Mili y Pili tienen el pelo negro. ¿Cuántos años tienen ustedes?

Tener is also used in expressions to say that you feel hot, cold, thirsty or hungry, for example: *tengo calor, ¿tienes sed?*

Ser is another irregular verb.

Ser (to be)

soy	Soy Miguel.
eres	¿De qué nacionalidad eres? ¿Eres chileno o argentino?
es	¿De qué nacionalidad es usted? Mi compañera es jamaicana.
somos (we)	Somos cubanos.
son	¿De qué nacionalidad son ustedes? Los delegados son venezolanos.

The verb *ser* is used to tell the time in Spanish. For example: **Son** *las seis.* **Son** *las nueve.*
But note: **Es** *la una*: 'it is 1 o'clock'. *Es* is used because 'one o'clock' (*la una*) is singular.

To say **at** what time we do something, we need to use *a la(s)…* For example: *Hay clase de matemáticas* **a las** *ocho y media el lunes.*

We have also met another verb which means 'to be': the verb *estar*.

Estar (to be)

estoy	Estoy bien, gracias
estás	¿Cómo estás?
está	
estamos	
están	

The verb *estar* is used to express an emotion or state which is not permanent, or to describe where something is located.

Gustar

In Spanish, the constructions *me gusta* or *me gustan* are used to say what pleases us/what we like. For example: *me gusta el español, me gustan las matemáticas.*

Me gusta is used to talk about only one thing that pleases us. *Me gustan* is used when more than one thing pleases us, i.e. when the thing we like is plural.

When talking about different people or more than one person who likes something, the object pronoun changes, as follows:

me gusta(n)	I like
te gusta(n)	you like
le gusta(n)	he/she likes (also the polite form of 'you like')
nos gusta(n)	we like
les gusta(n)	they like (also 'you like' if the 'you' is referring to several people)

Radical-changing or stem-changing verbs

Some verbs have a change in the stem vowel of the infinitive in the present tense. The endings follow the same pattern as normal, but the change occurs when the stem vowel is stressed, in the singular forms and in the third person plural. Note carefully that there is no change in the first person plural.

The change can be from *e→ie, o→ue, u→ue* or *e→i.* For example: *me despierto (despertarse), puedes (poder), juega (jugar), se visten (vestirse).*

Other irregularities

You will notice that *decir* is irregular in the first person only. Some other verbs are also irregular in the first person:

Jugar (to play)	*Volver* (to return)
juego	*vuelvo*
juegas	*vuelves*
juega	*vuelve*
jugamos	*volvemos*
juegan	*vuelven*

Empezar (to begin)	*Decir* (to say, tell)
empiezo	*digo*
empiezas	*dices*
empieza	*dice*
empezamos	*decimos*
empiezan	*dicen*

conocer	to know	*conozco*
hacer	to do, make	*hago*
oír	to hear	*oigo*
poner	to put	*pongo*
salir	to leave	*salgo*
tener	to have	*tengo*
traer	to bring	*traigo*

Verbs which take a preposition

Some verbs need a certain preposition after them, usually before an infinitive.
They include the following:

aprender a	to learn to
ayudar a	to help to
empezar a	to begin to
terminar de	to stop doing

Ir a plus the infinitive

If we want to express the near future in Spanish, a simple construction we can use is
ir + *a* + the infinitive. For example:

Voy a hacer las compras. I am going to do the shopping.

Voy a ver la televisión. I am going to watch TV.

Negatives

To make a sentence negative in Spanish, we just need to put *no* before the verb. For example: *Julia no tiene el pelo rubio, tiene el pelo castaño. No es Julia.*
Other negative words give further information. For example:

nada	nothing	*no hay nada, no tengo nada*
nadie	nobody	*no hay nadie* or *nadie tiene dinero*
nunca	never	*no vamos nunca al teatro* or *nunca viene a casa*
ninguno	none, not one, not any (used as an adjective)	*no tengo ningún dinero, no tiene ningún amigo, no hay ninguna leche*

(Note that *ninguno* shortens to *ningún* before a masculine singular noun.)

Note that the negative word can also be placed before the verb, as in some of the examples above.

Commands or imperatives

There are two types of command:

- the familiar singular: used when addressing a friend, family member or another person of your own age.

- polite and plural commands: used when addressing a person more adult than you whom you don't know well, a person for whom you show respect or more than one person.

The familiar positive commands are formed from the second person of the present tense, minus the -*s*.

Infinitive	second person, present tense	Command form
hablar	*tú hablas*	*habla*
beber	*tú bebes*	*bebe*
escribir	*tú escribes*	*escribe*

Habla más despacio. Speak more slowly.
Bebe más agua. Drink more water.

Escribe la carta a tu abuela. Write the letter to your grandmother.

All other commands, formal and negative, are formed from the stem of the first person of the present tense, and take an *-e* in the endings for *-ar* verbs and an *-a* in the endings for *-er* and *-ir* verbs.

Infinitive	first person, present tense	Command form
hablar	*yo hablo*	*hable (usted), hablen (ustedes) no hables (tú) no hable (usted) no hablen (ustedes)*
beber	*yo bebo*	*beba (usted) beban (ustedes) no bebas (tú) no beba (usted) no beban (ustedes)*
escribir	*yo escribo*	*escriba (usted) escriban (ustedes) no escribas (tú) no escriba (usted) no escriban (ustedes)*

Verbs which are irregular in the first person singular follow this rule in the command form. For example: *no hagas eso.*

Note, however, that there are some irregular forms of the familiar command in the singular:

decir → di   hacer → haz
ir → ve   oír → oye
poner → pon   salir → sal
tener → ten   venir → ven

Reflexive commands
Reflexive commands are formed in much the same way as other commands, except that the reflexive pronoun is placed at the end of the command. The addition of this extra syllable means that a stress mark or accent is needed in the written form of the word. For example: *¡Diviértete! ¡Vístase rápido! ¡Siéntense aquí!*

The position of pronouns with commands
Pronouns are added to the end of positive commands, for example: *tómalo.* Note this will necessitate the use of a written accent to retain stress patterns. Pronouns go before negative commands.

The preterite tense
The preterite is the tense used to describe completed actions in the past. It is used rather as the simple past in English.
In Spanish, this tense is made up of one word, as in English. It follows a pattern for regular verbs:

-ar verbs
Take off the *-ar* ending and add the following:

yo	-é
tú	-aste
él/ella/usted	-ó
nosotros/as	-amos
ellos/ellas/ustedes	-aron

For example: *Preparé el desayuno esta mañana. Jugamos al fútbol ayer.*

-er and *-ir* verbs
Take off the *-er* and *-ir* endings and add:

yo	-í
tú	-iste
él/ella/usted	-ió
nosotros/as	-imos
ellos/ellas/ustedes	-ieron

For example: *¿Escribiste la carta? Volvieron anoche.*

Note the accents or stress marks on the first and third persons singular.

Some verbs require a change in the spelling in the first person of the preterite tense to ensure that the correct sounds are retained. For example: *tocar* → *to**qu**é, jugar* → *ju**gu**é, empezar* → *empe**c**é.*

There are some irregular verbs in the preterite. These include the following:

Ser and *ir:* (Note that the preterite tense of these two verbs is exactly the same)
fui, fuiste, fue, fuimos, fuisteis, fueron

Dar	di, diste, dio, dimos, disteis, dieron
Estar	estuve, estuviste, estuvo, estuvimos, estuvieron
Ver	vi, viste, vio, vimos, visteis, vieron
Hacer	hice, hiciste, hizo, hicimos, hicisteis, hicieron
Poner	puse, pusiste, puso, pusimos, pusisteis, pusieron
Poder	pude, pudiste, pudo, pudimos, pudisteis, pudieron
Tener	tuve, tuviste, tuvo, tuvimos, tuvisteis, tuvieron
Decir	dije, dijiste, dijo, dijimos, dijeron
Venir	vine, viniste, vino, vinimos, vinisteis, vinieron

Note that irregular preterites do not have written accents.

Radical-changing or stem-changing -ir verbs also have a change in the third person of the preterite tense: o→u (durmió), e→i
(se vistió).

Dormir (to sleep)	Vestirse (to get dressed)
dormí	me vestí
dormiste	te vestiste
durmió	se vistió
dormimos	nos vestimos
durmieron	se vistieron

The imperfect tense

This is the tense we use to describe what was happening in the past, what things were like, to set the scene, rather than to say what happened (for this we use the preterite tense).
The **imperfect tense** can be translated as 'used to ...', 'was ...ing', 'would ...' (in the sense of, for example, when my mother was young, she would climb trees).

The regular imperfect tense is formed by taking the -ar, -er, or -ir ending off the verb and adding the following endings ...

For -ar verbs

-aba	yo compr**aba**	I used to buy
-abas	tú prepar**abas**	you were preparing
-aba	él/ella/usted habl**aba**	he/she/you would speak
-ábamos	nosotros/as trabaj**ábamos**	we were working
-aban	ellos/ellas/ustedes entr**aban**	they/you used to go in

For -er and -ir verbs

-ía	yo ten**ía**	I used to have
-ías	tú hac**ías**	you would do/make
-ía	él/ella/usted ped**ía**	he/she/you were asking for ...
-íamos	nosotros/as pod**íamos**	we used to be able
-ían	ellos/ellas/ustedes sal**ían**	they/you would go out

There are very few irregulars ...
<u>ver (to see)</u> is slightly irregular. It takes the -er verb endings, but retains the 'e' of the stem.
veía
veías
veía
veíamos
veían

<u>ser (to be)</u>	<u>ir (to go)</u>
era	iba
eras	ibas
era	iba
éramos	íbamos
eran	iban

The future tense
The future tense is used to talk about events that are some way ahead. The regular future is formed by adding endings to the infinitive of the verb as follows...

Yo	hablaré
Tú	leerás
Él/ella/usted	buscará
Nosotros	estaremos
Vosotros	comunicaréis
Ellos/ellas/ustedes	serán

There are some verbs which are irregular in the future tense. The stem of the verb changes, but the endings are the same as for regular verbs. These are …

hacer → haré
salir → saldré   poner → pondré
tener → tendré   decir → diré
querer → querré   saber → sabré
venir → vendré   poder → podré

haber → habrá (used mainly in the third person meaning 'there will be')

Por and para

Both of these words mean 'for', but are used in different situations:

Por refers more to the cause, the means, or the duration. For example:

Viaja por avión.
(He travels by plane).

Habla por teléfono.
(He speaks on the phone) – means.

Hago las compras por mi madre.
(I do the shopping because my mother is asking me to do it) – reason or cause.

Pasa por México.
(He passes through Mexico)
– motion through somewhere.

Te doy las gracias por el regalo.
(I thank you for the present) – exchange.

Para refers more to the idea of purpose or futurity. For example:

Salimos para España mañana.
(We are setting out for Spain tomorrow)
– destination.

Hago las compras para mi madre.
(I do the shopping for my mother)
– for someone's use.

Estudia para ser médico.
(She is studying to be a doctor) – intention.

La necesito para el trabajo.
(I need it for work) – purpose.

Quiere el libro para mañana.
(He wants the book by tomorrow)
– time by which something is needed (to be done).

Emphasis or stressed syllables

In Spanish, the general rule is that any word which ends in a vowel (a, e, i, o or u), or -n, or -s, should be emphasised or stressed on the last but one, or penultimate, syllable.
For example: La profesora habla con los chicos que cantan. (The stressed vowel is indicated in bold.)

In any word that ends in a consonant other than -n or -s, the final syllable is stressed.
For example: El español es encantador.

If the stressed syllable falls in any other place it is indicated by the use of a stress mark, or accent. For example: el bolígrafo, los jóvenes

When a syllable is added, for example if a word is made plural or a pronoun is added to the word, the original stressed syllable has to remain, and a stress mark or accent will need to be added. For example: el joven, los jóvenes
te sientas, siéntate

Vocabulario

Español – Inglés

A

	a eso de	at about
el	abrazo m	hug (a typical way to close a letter to a friend)
el	abrigo m	coat
	acostarse	to go to bed
	adentro	inside
la	aduana f	customs
	aficionado a	(a) fan of
las	afueras fpl	outskirts
la	agencia de viajes f	travel agency
	agotado/a	exhausted
	ahorrar	to save
el	aire acondicionado m	air conditioning
de	algodón	made of cotton
	algunas veces	sometimes
el	año pasado m	last year
el	asiento m	seat
	andando	walking
el	anillo m	ring
	anoche	last night
	anteayer	the day before yesterday
	antipático/a	unpleasant, nasty
el	anuncio m	advertisement
	apagar	to turn off
	apetecer	to appeal
	aprender	to learn
el	arrecife m	reef
el	arroz m	rice
las	artes marciales fpl	martial arts
	asado/a	roasted
	así que	so, therefore
	atentamente	yours faithfully
	atropellar	to knock down
la	autopista f	highway
	ayer	yesterday
	azucarado/a	sugary

B

	bajar	to go down
la	ballena f	whale
	barato/a	cheap
el	barrio m	neighbourhood
	bastante	quite
la	basura f	rubbish
el	batido m	milkshake, blended fruit drink
el	billete m	note (money)
el	bistec m	steak
el	bocadillo m	filled roll, sandwich
la	boda f	wedding
el	boleto m	ticket
el	bolsillo m	pocket
el	botón m	button
de	buena calidad	good quality
el	buzón m	post box

C

la	cacerola f	saucepan
	cada día	every day
la	caducidad f	expiry
	caerse	to fall
el	café con leche m	white coffee
el	café solo m	black coffee
la	calidad f	quality
la	calzada f	road surface
la	cama de matrimonio f	double bed
los	camarones mpl	shrimps
	cambiar	to change
el	cambio m	bureau de change
el	camión m	truck
el	campo m	countryside
la	carne molida f	minced meat
	caro/a	expensive
la	carretera f	main road
el	carrito m	supermarket trolley
el	carro m	car
la	catarata f	waterfall
	ceder/dar paso (a)	to give way
	cenar	to have dinner
	cerrado/a	closed
el	charco m	puddle
el	cheque de viajero m	traveller's cheque
	chequear	to check in (luggage)
	chocar con	to run into
el	chófer m	driver
con	cierre	with a zip (clothes)
el	cinturón m	conveyor belt
	circular	to drive
las	clases de verano fpl	summer school
	cobrar	to charge
	cocido/a	cooked
el	collar m	necklace
el	comerciante m	trader, business person
la	comida f	lunch
	como consecuencia	as a result
	como siempre	as usual
	cómodo/a	comfortable
la	computadora f	computer
los	congelados mpl	frozen goods
el	conjunto m	outfit
	conocer a alguien	to meet someone (for the first time)
el	consejo m	advice
	conservar	to save
el	consumo m	consumption
	contar (o→ue)	to tell
	conversar (sobre)	to discuss
la	corbata f	tie
	correr	to run
el	cortado m	coffee with a little milk
	costar (o→ue)	to cost
la	costilla f	rib
el	crucero m	cruise ship
	cruzar	to cross
el	cuadro m	picture
de	cuadros	checked (pattern on material)
	cuanto antes	as soon as possible
el	cuchillo m	knife
la	cuenta f	bill
la	cuerda f	(dog's) lead
de	cuero	made of leather
	cuidar	to look after, care for

D

	de repente	suddenly
	deber	to owe
los	deberes mpl	homework

	dejar	to leave
	dejar caer	to drop
	demasiado/a	too (much)
	dentro de	in, within
el	dependiente m	shop assistant
la	derecha f	the right
el	desayuno m	breakfast
	descansarse	to rest
el	descuento m	discount
	desear	to wish, want
el	desfile de modas m	fashion show
	despertarse (e→ie)	to wake up
	después	after, afterwards
	dibujar	to draw
	dirigir la palabra	to address (a person), speak to (a person)
	discutir	to discuss
	divertirse	to enjoy oneself
	doblar	to turn
la	docena f	dozen
el	domingo m	on Sunday

E

el	edificio m	building
en	efectivo	in cash
	emocionante	exciting
	empaquetado/a	packaged
la	empresa f	business, company
la	encuesta f	survey
	encontrar	to find
	energético/a	energetic
	enfadarse	to get angry
	entonces	then, therefore
	entregar	to hand over, hand in
los	entremeses mpl	hors d'oeuvres
	entrenarse	to train
el	entrevistado m	interviewee
	enviar	to send
el	equipaje m	luggage
el	equipo m	team
	escoger	to choose
	esperar	to expect, wait for
la	esposa f	wife
la	esquina f	corner
	estacionar	to park
	estampado/a	printed (pattern on material)
la	estancia f	stay
	estar de acuerdo	to agree
	estar en forma	to be fit
	Estimado…	Dear… (in a letter)
	evitar	to avoid
la	expedición f	issue
al	extranjero	abroad

F

	facturar	to check in (luggage)
	fascinar	to fascinate
	firmar	to sign
el	fisicoculturismo m	bodybuilding
el	flan m	creme caramel
	frecuentemente	frequently
	fregar los platos	to do the washing up
	fresco/a	fresh
	fuerte	strong
	funcionar	to work

G

la	gamba f	prawn
la	ganga f	bargain

el	gerente m	manager
el	grifo m	tap
	gritar	to shout

H

la	habitación f	room
	hace una semana	a week ago
	hace unos días	a few days ago
	hacer senderismo	to go hiking
	hartarse	to become fed up
	herirse (e→ie)	to hurt oneself
el	huracán m	hurricane

I

de	ida y vuelta	return (ticket)
el	impuesto m	tax
	incluir	to include
	incluso	even
	individual	single
la	inundación f	flood
la	izquierda f	the left

J

las	joyas fpl	jewellery

L

de	lana	made of wool
la	langosta f	lobster
los	langostinos mpl	king prawns
	largo/a	long
	lento/a	slow
	limpiar	to clean
de	lino	made of linen
la	llegada f	arrival
	llegar	to arrive
	llenar	to fill (in)
	llevar	to take
	llover	to rain
la	lluvia f	rain
	lo que pasa	what happens
	lo siento	I am sorry
	luego	then
el	lugar m	place

M

	maduro/a	mature, ripe
el	maíz m	corn
la	maleta f	suitcase
la	mancha f	stain
con	mangas cortas/largas	with short/long sleeves
el	mar m	the sea
	marearse	to be seasick
a la	marinera	with seafood sauce
los	mariscos mpl	seafood
	más tarde	later
	¿me permite?	may (I have)?
el	medio ambiente m	the environment
	mejor	better
el	menú del día m	menu of the day
a	menudo	often
el	mes pasado m	last month
el	mesero m	waiter
lo	mismo	the same
de	moda	fashionable
la	moneda f	coin
el	monedero m	purse

la	montaña f	mountain
la	muñeca f	doll
el	museo m	museum
	muy	very

N

el	nacimiento m	birth
	nada más por hoy	nothing more for today
	nadar	to swim
la	nata f	cream
la	natación f	swimming
la	naturaleza f	nature
	necio/a	naughty
	no seas	don't be
la	nota de crédito f	credit note
	nunca	never

O

las	obras fpl	roadworks
en	oferta	on offer
la	oficina de Correos f	Post office
	olvidar	to forget
a la	orden	at your service

P

la	parada de autobuses f	bus stop
el	paraguas m	umbrella
	pararse	to stop
la	parrillada f	mixed grill (of fish or meat)
de	parte de	on behalf of, in the name of
	pasar	to happen
	pasarlo bien	to have a good time
	pasear	to go for a stroll
el	peaje m	toll
la	película de acción f	action film
el	peligro m	danger
la	peluquería f	hairdresser's
	perder	to lose
el	periódico m	newspaper
	pesado/a	pain in the neck
la	pescadería f	fishmonger's
	planchar	to iron
la	planilla f	form
de	plata	made of silver
el	plomo m	lead
unpoco m		a little, a bit
el	polideportivo m	sports centre
el	pollo m	chicken
	por la tarde	in the afternoon/evening
de	postre	as dessert
	prepagado/a	prepaid
	¡preparados, listos y fuera!	ready, steady, go!
	probar	to try something for the first time
	prohibir	to forbid, prohibit
la	propina f	tip
el	próximo m	the next (one)
¿en qué puedo servirle?		how can I help you?
la	pulsera f	bracelet

Q

	quedar bien a uno	to suit someone
	quedar	to meet up
	quedarse	to stay
	quisiera	I would like

R

de	rayas	striped
el	recibo m	receipt
	reclamar	to complain
	recomendar (e→ie)	to recommend
el	reembolso m	refund
	relajarse	to relax
el	retraso m	delay
	reutilizar	to reuse
	rico/a	delicious
el	riesgo m	risk
la	roca f	rock
	romperse	to break

S

el	sábado pasado m	last Saturday
	saber	to know (how to)
la	salida f	departure, exit
	saltar	to jump
	se puede	one can
	seguir	to carry on
la	semana pasada f	last week
el	senderismo m	hiking
la	señal f	sign
	sentarse	to sit down
el	sentido m	direction
el	sentido único m	one-way (road sign)
	sentir (e→ie)	to be sorry
el	servicio m	tip
	sin	without
el	sitio m	place
	soler	to be accustomed to
	solo de ida	one way only
	soltero/a	single
	solucionar	to resolve
el	sombrero m	hat
	subir	to go up
la	sudadera f	sweatshirt
la	suerte f	luck

T

de	tacón alto	high-heeled
la	talla f	size
	tanto como	as much as
	tardar	to take (a length of time)
las	tareas domésticas fpl	jobs around the house
la	tarjeta f	card
la	tarjeta de crédito f	credit card
la	tarjeta de teléfono f	telephone card
	temprano/a	early
el	tenedor m	fork
	tener ganas de (+ infinitive)	to want to do (something)
	tener miedo (de)	to be afraid (of)
	tener prisa	to be in a hurry
	tener razón	to be right
	tener sueño	to be tired
la	tierra f	land
el	tipo de cambio m	rate of exchange
	tirar a la basura	to throw in the bin
	tocarle a uno	to be someone's turn
	todo recto	straight on
	tomar	to take
el	torbellino m	whirlwind
	traer	to bring

el	tráfico unidireccional m	one way traffic
	tratar de	to try to
el	trimestre m	term

U

	último/a	last

V

la	vainilla f	vanilla
	vale	okay
el	vaso m	glass
a	veces	sometimes
el	vendedor m	stallholder
la	ventaja f	advantage
la	vez f	time, occasion
una	vez	once
	viajar	to travel
el	viaje m	journey
el	viaje escolar m	school trip
el	vicio m	vice, downfall
el	vidrio m	glass
la	vista f	view
el	vuelo m	flight

Inglés – Español

A

	above	sobre, encima (de)
	abroad	al extranjero
	advertisement	el anuncio m
	aeroplane	el avión m
	after	después
	afternoon	la tarde f
	ago	hace
	air conditioning	el aire acondicionado m
	airport	el aeropuerto m
	answer	la respuesta f
to	answer	contestar
	apple	la manzana f
to	arrive	llegar
	art	el arte m
to	ask	preguntar
	aunt	la tía f
	autumn	el otoño m

B

	baker's shop	la panadería f
	ball	la pelota f
	banana	el plátano m
	bank	el banco m
to	be afraid (of)	tener miedo (de)
to	be in a hurry	tener prisa
to	be right	tener razón
to	be tired	tener sueño
	beach	la playa f
	bed	la cama f
	behind	detrás (de), atrás
	better	mejor
	big	grande
	bill	la factura f, la cuenta f
	bird	el pájaro m
	blouse	la blusa f
	body building	el fisicoculturismo m
	boring	aburrido/a
	bottle	la botella f
	box	la caja f
	bracelet	la pulsera f
	bread	el pan m
	breakfast	el desayuno m
	broken	roto/a
	brother	el hermano m
	building	el edificio m
	bus	el autobús m

	bus stop	la parada de autobuses f
	butcher's shop	la carnicería f
	butter	la mantequilla f
	button	el botón m
to	buy	comprar

C

	cake	el pastel m
	cap	la gorra f
	car	el carro m
	card	la tarjeta f
	carrot	la zanahoria f
	cash	el efectivo m
	cash desk	la caja f
	change	el cambio m
to	change	cambiar
	cheap	barato/a
	checked (fabric)	de cuadros
	cheque	el cheque m
	chicken (food)	el pollo m
	chocolate	el chocolate m
to	choose	escoger
	cinema	el cine m
	city	la ciudad f
	clean	limpio/a
to	clean	limpiar
	clothes	la ropa f
	coat	el abrigo m
	coffee	el café m
	coin	la moneda f
	cold	frío/a
	comfortable	cómodo/a
	cookery	la cocina f
	corn	el maíz m
	cotton	el algodón m
	country	el país m
	countryside	el campo m
	cousin	el primo m, la prima f
	church	la iglesia f
	curtains	las cortinas fpl
	customer	el cliente m

D

	dance	el baile m
to	dance	bailar
	danger	el peligro m
	day	el día m
	dentist	el dentista m
	dessert	el postre m
	difficult	difícil
	dinner	la cena f
	dirty	sucio/a
to	discuss	conversar (sobre)
	dish	el plato m
	divorced	divorciado/a
	doctor	el médico m
	dog	el perro m
	doll	la muñeca f
	door	la puerta f
	double	doble
to	draw	dibujar
	drink	la bebida f
to	drink	beber
to	drive	circular, conducir, manejar

E

	earrings	los pendientes mpl
	east	el este m
	easy	fácil
to	eat	comer
	egg	el huevo m
	end	el final m
	exam	el examen m
	exciting	emocionante
	exhausted	agotado/a
	expensive	caro/a

F

family	*la familia f*
fan	*el ventilador m*
far	*lejos (de)*
fashionable	*de moda*
father	*el padre m*
film	*la película f*
fish (food)	*el pescado m*
fishmonger's	*la pescadería f*
flag	*la bandera f*
flight	*el vuelo m*
following	*siguiente*
fork	*el tenedor m*
free	*libre*
free (of charge)	*gratuito/a*
fresh	*fresco/a*
Friday	*viernes*
fun	*divertido/a*

G

game	*el juego m*
to get fed up	*hartarse*
to get up	*levantarse*
glass (general)	*el vidrio m*
glass (drinking vessel)	*el vaso m*
glasses (spectacles)	*las gafas fpl, los lentes mpl*
to go down	*bajar*
to go on holiday	*ir de vacaciones*
to go out	*salir*
to go to bed	*acostarse (o→ue)*
to go up	*subir*
goodbye	*adiós*
grandfather	*el abuelo m*
grandmother	*la abuela f*
to guess	*adivinar*
guidebook	*la guía f*
gym	*el gimnasio m*

H

hairdresser's	*la peluquería f*
hat	*el sombrero m*
heel	*el tacón m*
to help	*ayudar*
hobby	*el pasatiempo m*
holidays	*las vacaciones fpl*
homework	*los deberes mpl*
hospital	*el hospital m*
hot	*caliente*
house	*la casa f*
housework	*las tareas domésticas fpl*
how many?	*¿cuántos/as?*
how much?	*¿cuánto/a?*
how?	*¿cómo?*

I

in front	*delante (de)*
inside	*dentro (de)*
interesting	*interesante*
to iron	*planchar*
island	*la isla f*

J

jacket	*la chaqueta f*
jar	*la jarra f, el frasco m*
journey	*el viaje m*
juice	*el jugo m*

K

kind	*simpático/a*
knife	*el cuchillo m*

L

land	*la tierra f*
language	*el idioma m, la lengua f*

last	*pasado/a, último/a*
last year	*el año pasado m*
leaflet	*el folleto m*
to learn	*aprender*
leather	*el cuero m*
to leave	*salir*
left	*la izquierda f*
lesson	*la lección f*
lettuce	*la lechuga f*
library	*la biblioteca f*
light bulb	*el bombillo m/la bombilla f*
to listen to	*escuchar*
loaf	*la barra f*
long	*largo/a*
to lose	*perder*
lunch	*el almuerzo m, la comida f*

M

magazine	*la revista f*
map	*el mapa m*
market	*el mercado m*
meat	*la carne f*
menu	*la carta f, el menú m*
milk	*la leche f*
mince (meat)	*la carne molida/picada f*
modern	*moderno/a*
Monday	*lunes*
money	*el dinero m*
morning	*la mañana f*
mother	*la madre f*
mountain	*la montaña f*
museum	*el museo m*

N

name	*el nombre m*
narrow	*estrecho/a*
near	*cerca (de)*
necklace	*el collar m*
neighbourhood	*el barrio m*
network	*la red f*
next to	*al lado (de)*
night	*la noche f*
north	*el norte m*
note	*el billete m*

O

olive oil	*el aceite de oliva m*
one way (ticket)	*solo de ida*
onion	*la cebolla f*
open	*abierto/a*
to open	*abrir*
opposite	*enfrente (de)*

P

to paint	*pintar*
park	*el parque m*
packet	*el paquete m*
petrol station	*la estación de servicio f*
pharmacy	*la farmacia f*
place	*el sitio m, el lugar m*
plan	*el plano m*
to play (game)	*jugar (u→ue)*
to play (instrument)	*tocar*
to play (sports)	*practicar*
police station	*la comisaría f*
port	*el puerto m*
post office	*la oficina de Correos f*
post box	*el buzón m*
potato	*la papa f, la patata f*
practical	*práctico/a*
to prepare	*preparar*
present	*el regalo m*
pretty	*bonito/a, precioso/a*
pupil	*el alumno m*
purse	*el monedero m*

Q

question	*la pregunta f*
quick	*rápido/a*
quite	*bastante*

R

	radio	la radio f
to	read	leer
	receipt	el recibo m
	refund	el reembolso m
to	refund	reembolsar
	relaxed	relajado/a
	return (ticket)	de ida y vuelta
	rice	el arroz m
	right	la derecha f
	ring	el anillo m
	ripe	maduro/a
	room	la habitación f
	roundabout	la rotonda f
	rubbish	la basura f
to	run	correr

S

	salad	la ensalada f
	sandwich	el bocadillo m, la torta f (Mex.)
	Saturday	sábado
to	save	ahorrar
	school	el colegio m, el instituto m
	school trip	el viaje escolar m
	sea	el mar m
to	sew	coser
	shampoo	el champú m
	shirt	la camisa f
	shoes	los zapatos mpl
	shop	la tienda f
	shopping centre	el centro comercial m
	short	corto/a
	shower	la ducha f
to	shower	ducharse
	shut	cerrado/a
to	shut	cerrar
to	sing	cantar
	single	soltero/a
	single (room)	individual
	sister	la hermana f
	size	la talla f, el tamaño m
	skirt	la falda f
	sleeve	la manga f
	slow	lento/a
	small	pequeño/a
	smart (appearance)	elegante
to	smoke	fumar
	soap	el jabón m
	socks	los calcetines mpl
	south	el sur m
	sport	el deporte m
	sports centre	el polideportivo m
	spring	la primavera f
	square	la plaza f
	stadium	el estadio m
	stain	la mancha f
	station	la estación f
	straight	recto/a
	street	la calle f
	striped	de rayas
	sugar	el azúcar m
	summer	el verano m
	Sunday	domingo
	supermarket	el supermercado m
	surgery	el centro médico m
	swimming	la natación f
	swimming pool	la piscina f
	swimsuit	el traje de baño m

T

	T-shirt	la camiseta f
to	take	tomar
to	take (time)	tardar
	tea	el té m
	team	el equipo m

	telephone	el teléfono m
	television	la televisión f
	term	el trimestre m
	thank you	gracias
	theatre	el teatro m
	Thursday	jueves
	ticket	el boleto m
	tie	la corbata f
	tight-fitting	ajustado/a
	time	el tiempo m
	timetable	el horario m
	tin	la lata f
	today	hoy
	tomato	el tomate m
	tomorrow	mañana
	too (much)	demasiado
	towel	la toalla f
	town	el pueblo m
	toy	el juguete m
	traffic lights	los semáforos mpl
	train	el tren m
to	train	entrenarse
to	travel	viajar
	trousers	los pantalones mpl
to	try (on)	probar (o→ue)
	Tuesday	martes

U

	ugly	feo/a
	umbrella	el paraguas m
	uncle	el tío m
	under	debajo (de)
	uniform	el uniforme m
	unpleasant	antipático/a

V

	vegetable	la legumbre f
	very	muy
	view	la vista f
	village	el pueblo m

W

to	wake up	despertarse (e→ie)
to	walk	caminar, pasearse
to	want to (do something)	tener ganas de (+ infinitive)
to	wash	lavar
to	wash up	fregar (e→ie) los platos
	water	el agua f
	Wednesday	miércoles
	weekday	entre semana
	weekend	el fin de semana m
	west	el oeste m
	when?	¿cuándo?
	where?	¿dónde?
	who?	¿quién?
	why?	¿por qué?
	wide	ancho/a
to	win	ganar
	window	la ventana f
	winter	el invierno m
	with	con
	wool	la lana f
	work	el trabajo m
to	work	trabajar
	worse	peor
to	write	escribir

Y

	yesterday	ayer
	young	joven

Z

	zip	el cierre m, la cremallera f